This Book Comes With Free Bonus Puzzles
Available Here:

BestActivityBooks.com/WSBONUS20

5 TIPS TO START!

1) HOW TO SOLVE

The Puzzles are in a Classic Format:

- Words are hidden without breaks (no spaces, dashes, ...)
- Orientation: Forward & Backward, Up & Down or
  in Diagonal (can be in both directions)
- Words can overlap or cross each other

2) ACTIVE LEARNING

To encourage learning actively, a space is provided next to each word to write down the translation. The **DICTIONARY** allows you to verify and expand your knowledge. You can look up and write down each translation, find the words in the Puzzle then add them to your vocabulary!

3) TAG YOUR WORDS

Have you tried using a tag system? For example, you could mark the words which have been difficult to find with a cross, the ones you loved with a star, new words with a triangle, rare words with a diamond and so on...

4) ORGANIZE YOUR LEARNING

We also offer a convenient **NOTEBOOK** at the end of this edition. Whether on vacation, travelling or at home, you can easily organize your new knowledge without needing a second notebook!

5) FINISHED?

Go to the bonus section: **MONSTER CHALLENGE** to find a free game offered at the end of this edition!

Want more fun and learning activities? It's **Fast and Simple!**
An entire Game Book Collection just **one click away!**

Find your next challenge at:

BestActivityBooks.com/MyNextWordSearch

Ready, Set... Go!

Did you know there are around 7,000 different languages in the world? Words are precious.

We love languages and have been working hard to make the highest quality books for you. Our ingredients?

A selection of indispensable learning themes, three big slices of fun, then we add a spoonful of difficult words and a pinch of rare ones. We serve them up with care and a maximum of delight so you can solve the best word games and have fun learning!

Your feedback is essential. You can be an active participant in the success of this book by leaving us a review. Tell us what you liked most in this edition!

Here is a short link which will take you to your order page.

BestBooksActivity.com/Review50

Thanks for your help and enjoy the Game!

Linguas Classics Team

1 - Antiques

```
S  G  S  E  D  A  C  E  D  C  I  T  W  C  M  O
E  A  Q  L  J  K  F  C  P  E  E  P  F  O  P  A
D  L  E  E  S  P  K  N  C  E  V  N  A  D  J  S
O  L  W  G  I  N  S  O  L  I  T  A  T  I  B  G
M  E  C  A  W  G  R  D  O  K  U  E  U  U  Y  T
W  R  O  N  P  E  C  E  N  J  W  D  E  K  R  L
V  Y  N  S  N  I  O  C  F  V  Q  L  B  G  L  Y
E  Y  D  S  U  P  E  L  L  E  C  T  I  L  E  M
T  G  I  S  B  C  P  R  E  T  I  U  M  R  W  A
U  F  T  D  N  L  I  B  A  Y  I  T  G  S  E  L
S  Q  I  P  R  F  Y  T  B  C  S  S  R  Q  J  L
K  X  O  D  J  J  J  S  A  T  I  L  A  U  Q  U
S  T  Y  L  E  I  T  E  M  N  J  N  J  Y  O  N
L  U  U  Y  T  T  Y  K  E  S  A  O  D  V  G  W
S  C  Y  Q  O  P  A  D  Z  I  Y  F  K  B  Y  O
A  R  V  D  I  G  N  I  S  S  I  M  A  R  E  V
```

ES	GALLERY
VERAM	DIGNISSIM
CENTURY	ITEM
COINS	JEWELRY
CONDITIO	VETUS
DECADES	PRETIUM
NULLAM	QUALITAS
ELEGANS	STYLE
FANATICUS	INSOLITA
SUPELLECTILEM	

2 - Food #1

```
G C D X S O R E U S Q R D F E J
E M M L K P P O W H Q Q P W L B
Z Q U Q G F I O L G K S I A I E
S S A D H W E N H T U U T G T C
G U S J W F Y O A D K C A U P S
D W G Z V A B M Q C I U K S W W
Y R X A O U V E P G H S R A P A
Y K A G R L E L A C E P A B F B
G M L Q U E L J L H Z E B C R Q
N H H M L W A C L G O I M O A M
Z W E Y W N C M I P Q R A Z G T
B A S I L I U S U I D R D W U U
T O F U R H D N M R X F Q E M N
G X S H S K E M S U C U A D U A
P E R S I C U M A M E S L O K M
S S Y Q D Z W C L W N M Q N Y O
```

PERSICUM   PIRUM
HORDEUM   SEM
BASILIUS   SAL
DAUCUS   ELIT
ALLIUM   SPINACH
SUCUS   FRAGUM
LEMON   SUGAR
LAC   TOFU
CEPA   TUNA
EROS   RAPA

3 - Measurements

```
L  I  S  S  S  U  D  N  O  P  K  V  A  Y  J  K
K  I  C  Y  O  E  B  P  X  A  D  U  L  Y  G  I
I  I  T  E  M  Q  X  I  F  S  T  M  T  U  U  L
H  R  L  E  T  Y  B  T  G  R  K  W  I  Z  T  O
S  T  M  O  R  Z  H  X  A  M  F  T  T  B  D  M
O  E  R  R  G  U  O  P  R  R  D  T  U  C  N  E
C  M  M  N  G  R  P  N  D  U  I  G  D  E  P  T
U  Y  J  A  H  L  A  P  K  Q  P  U  O  N  R  E
G  Z  Y  C  C  K  W  M  T  S  Z  R  M  T  O  R
R  D  E  C  I  M  A  L  E  S  T  A  C  I  F  F
A  D  C  H  L  A  T  I  T  U  D  O  F  M  U  W
D  N  Y  C  U  N  C  I  A  M  A  R  G  E  N  N
U  T  O  N  X  E  P  R  V  L  R  F  S  T  D  V
S  J  S  I  T  U  N  I  M  D  A  T  P  E  U  A
E  B  M  A  S  S  A  K  N  O  D  R  U  R  M  U
L  O  N  G  I  T  U  D  O  F  C  H  N  U  D  S
```

BYTE	LONGITUDO
CENTIMETER	LITER
DECIMALES	MASSA
GRADUS	METRI
PROFUNDUM	MINUTIS
GRAM	UNCIAM
ALTITUDO	SEXTARIUM
INCH	TON
KILOGRAM	PONDUS
KILOMETER	LATITUDO

4 - Farm #2

```
M U U S E N O I T A G I R R I C
L A C B M A L O N G B V K A J L
H R Q M U C I T I R T B C X V R
O R C H A R D Q Y I T A R P V S
R A M A L L D S P C T I N G E D
F R U M E N T U M O X L A S G A
Z U H Z U Q K N X L Z A N H E H
P T D O C B Z G Q A F M A O T W
U A W C R H I A G F S I T R A E
J M I X B R K C E M T N I D B T
S K R H L Z E I L O X A S E I S
F R U C T U S U B I V F R U L D
W I N D M I L L M Q D E G M I H
T R A C T O R P T S N F S K S T
D J C E T O U Z B C D P O Z Y O
F G U S C J S A T Q Y D Z A R H
```

ANIMALIA   LLAMA
HORDEUM   PRATI
HORREUM   LAC
FRUMENTUM   ORCHARD
ANATIS   MATURA
AGRICOLA   OVES
CIBUM   TRACTOR
FRUCTUS   VEGETABILIS
IRRIGATIONES   TRITICUM
AGNUS   WINDMILL

5 - Books

```
I  S  E  R  I  E  S  A  U  C  T  O  R  C  L  D
C  N  C  L  G  U  K  E  P  F  Z  F  B  A  K  U
I  K  G  O  I  D  O  M  S  U  J  U  H  S  S  A
G  W  W  E  L  T  X  E  T  N  O  C  M  U  H  L
A  R  M  G  N  L  T  B  E  D  G  Y  O  S  I  I
R  X  F  A  Q  I  E  E  O  D  A  C  R  C  S  T
T  X  B  P  O  C  O  C  R  O  W  X  I  J  T  A
F  A  B  U  L  A  Y  S  T  A  Q  V  B  B  O  T
P  E  R  T  I  N  E  T  U  I  R  M  U  U  R  E
N  P  I  C  A  R  M  E  N  S  O  U  S  Q  I  M
H  F  E  T  G  A  J  H  R  M  F  T  M  K  C  W
C  A  R  M  I  N  A  N  O  V  E  P  I  Z  A  F
W  X  W  J  H  I  B  A  T  U  U  I  F  K  J  J
H  M  E  D  H  I  S  B  C  W  O  R  B  E  G  F
T  I  W  X  B  J  X  Q  E  H  K  C  V  G  V  X
F  K  B  M  Z  G  Y  U  L  E  N  S  Q  F  G  O
```

CASUS	NOVE
AUCTOR	PAGE
MORIBUS	CARMEN
COLLECTIO	CARMINA
CONTEXT	LECTOR
DUALITATEM	PERTINET
HISTORICA	SERIES
HUJUSMODI	FABULA
INGENIOSUS	TRAGICI
LITTERARUM	SCRIPTUM

6 - Meditation

```
M X N T B U M U M A R E P O M T
S R G A D S C A I I B E Q C I R
B B X C T F F E S N A R I P S A
X M I I M U C C E P A C E M E N
P M N S O C R E R S O T H H R Q
S R J U T X M A I T A R G A I U
I S O M U L H Z C U P E D B C I
L M B S S E J T O L B G W I O L
E R N U P R V Z R I M O S T R L
N S I T N E M R D O T O B U D I
T X Z C V C C Y I F R P N S I T
I D U E M S J T A F L C E D A A
U V E F P I L B U D K S J C M S
M A S F X D Z A C M O X E B C P
G Q S A T I R A L C F A F Y S A
C O G I T A T I O N E S M E N S
```

ACCEPTIO
OPERAM
SPIRANS
TRANQUILLITAS
CLARITAS
MISERICORDIA
AFFECTUS
GRATIA
HABITUS
MISERICORDIAM

MENTIS
MENS
MOTUS
MUSICA
NATURA
PACEM
PROSPECTUM
SILENTIUM
COGITATIONES
DISCERE

7 - Days and Months

```
J Q P W Z U W F S J Y A D N O M
A C I N I M O D A A U J K O N T
N K L O S H R H T A X L D V N R
U D I L E Q J O U G S X Y E A W
A X R W T F Q U R O P B M M V E
R N I I N X T L D J H L A B E D
Y R A U R B E F A S O X U E N N
G B Y H W X V I Y E S V Q R E E
S E P T I M A N A P Z J I R R S
H L S M A R T I I T F A L S I D
S T I N G P S Z J E L X A F S A
H A L Y E D U K D M Q E N O A Y
M U I I A M G A E B W D Y I V F
M A R T I S U D B E J S F B F B
U T P G P X A X G R D N I W A T
F K A C A L E N D A R B W G U K
```

APRILIS	NOVEMBER
AUGUST	ALIQUAM
CALENDAR	SATURDAY
FEBRUARY	SEPTEMBER
VENERIS	DOMINICA
JANUARY	JOVIS
JULY	MARTIS
MARTII	WEDNESDAY
MONDAY	SEPTIMANA
MENSE	ANNO

8 - Energy

```
X M H P W D O F W F R O M P I S
J X M L H E Z Y G O O I I E D W
G I T C N O I T U L L O P L N S
A Q D R X K T O C T A R J L M H
S P C S P F N O R T C E L E K G
O K B O T N E M N O R I V N E M
L V F S N G R E N G A T Q T R O
I Y N X I S N K G Z B U T E E T
N L J K B E E F V K E R H S N O
E S L U H C X C K D J B M Q E R
P U G N A I K D T L X I H U W C
P T Y P O R T N E E Z N W E A K
I N D U S T R I A S T E M F B J
S E K J P L R A E L C U N U L X
O V U X D U Q T O Q R A E H E K
C A R B O I E N G I N E G R D L
```

PUGNA   CALOR
CARBO   CONSECTETUER
PELLENTESQUE   INDUSTRIA
ULTRICES   MOTOR
ELECTRON   NUCLEAR
ENGINE   PHOTON
ENTROPY   POLLUTIO
ENVIRONMENT   RENEWABLE
ESCA   TURBINE
GASOLINE   VENTUS

9 - Chess

```
G  S  P  L  P  W  C  I  L  A  S  K  H  S  J  G
I  A  U  U  R  T  E  S  U  P  M  E  T  R  O  T
H  C  N  D  A  P  R  K  D  F  U  H  P  E  X  Q
J  R  C  I  E  N  T  P  U  B  R  S  J  X  L  X
O  I  T  O  C  E  A  C  M  X  G  A  L  B  U  S
A  F  A  L  E  R  M  D  U  B  I  N  Z  A  F  F
D  I  N  U  P  G  E  Z  T  Z  N  F  O  D  B  O
V  C  I  D  T  Y  N  T  N  D  V  V  K  I  H  R
E  I  G  I  A  O  Y  B  E  J  J  T  B  S  P  T
R  U  E  U  H  I  N  G  M  M  W  C  N  C  F  I
S  M  R  S  A  L  N  P  A  Q  A  T  V  E  F  S
A  P  A  S  S  I  V  A  E  G  W  I  X  R  B  S
R  A  S  X  J  S  V  O  N  G  O  Q  D  E  N  I
I  L  Y  Q  K  N  V  U  R  D  N  A  C  W  H  M
U  M  Q  P  C  O  Z  D  O  Z  K  L  F  T  T  U
S  T  P  B  G  C  B  N  T  E  J  V  N  Q  U  S
```

NIGRUM
FORTISSIMUS
CERTAMEN
DIAMETER
LUDUM
REX
ADVERSARIUS
PASSIVA
LUDIO LUDIUS

PUNCTA
REGINA
PRAECEPTA
SACRIFICIUM
CONSILIO
TEMPUS
DISCERE
TORNEAMENTUM
ALBUS

10 - Archeology

```
H Q I S J Z U T U P G F Q D G Y
A V U N S W E D S E Z R O T H F
M N U I V Q I T A R J A C S Y M
O W T B A E O W A I X G D D S W
N L L I Q W N A U T S M M A S A
U F U E Q M E T Q U K E E E U I
M K C U F U H M I S R N R S C U
E N Q L E L I Z T O H T O T C Q
N B V K S P W T N Y N A T I E I
T H A A P M Z K A C F E I M S L
U B A T C E I B O T Y L S A S E
M U I R E T S Y M I I I I T I R
U E B V S N D O L O R S U I O N
O B L I T U S D P N B S Q O X S
A N A L Y S I S M U T O N G I U
R D U D A L X L Y Y L F I K T P
```

ANALYSIS
ANTIQUA
ANTIQUITATIS
OSSA
CULTU
SUCCESSIO
AESTIMATIO
PERITUS
INVENTIONES
OBLITUS

FOSSILE
FRAGMENTA
MYSTERIUM
OBIECTA
RELIQUIA
INQUISITOREM
DOLOR
TEMPLUM
MONUMENTUM
IGNOTUM

11 - Food #2

```
A S A R H P D I C C O A J G W H
L C Y S P U L L U M Z K I W I A
G E A B P M U V O Q C C E N F C
E L X P T A P A N E M A G A X F
N E C V P H R P V X W C G U V A
T R O Q W L X A O D G T P F R S
E I T G C Q E Q G T X U L U E Z
M S A P I U M J B U M S A N E S
U Q V N P E S Z U U S S N G X A
C U L R O C S G O H I K T O W S
I E A I E T B C A S E U S R L E
T D F C C E R A S U S C E U D J
I P R E M K S N R B G N C M L V
R N Y Q T N V L S V R H S N S S
T R U G O Y H Q I W M B I H H V
X J W W C Y Y M X B K Q P F D S
```

APPLE	OVUM
CACTUS	EGGPLANT
ASPARAGUS	PISCES
PANEM	UVA
ALGENTEM	HAM
APIUM	KIWI
CASEUS	FUNGORUM
CERASUS	RICE
PULLUM	TRITICUM
SCELERISQUE	YOGURT

12 - Chemistry

```
B Y V B N K Y X I X B B Q B R Z
A X E M X V C L R F J H H K E L
F C D C W W O O A T O M I C U S
S L I P H R R W E S K E J C T V
O T U D J M G J L R O L V A E E
P D Q L U E A E C E S E H T T S
Y C I R E M N X U E C C A C T
Q S L I O N I I N F G T A L E I
E N Z Y M E C P L H R R R Y S B
M O L E C U L O P A P O B S N U
C O N S E Q U A T N K N O T O L
B W P Z Z U G O U K E L P D C U
K K J A J G N A G J P T A O M M
V P O N D U S D R Q Q H Z L C Y
C A L O R D T O R T O R M O Q H
W D V I L Q B S D O B P G R K I
```

ACIDUM   CONSECTETUER
ALKALINE   ION
ATOMICUS   LIQUID
CARBO   MOLECULO
CATALYST   NUCLEAR
CONSEQUAT   ORGANIC
ELECTRON   DOLOR
ENZYME   SAL
VESTIBULUM   TORTOR
CALOR   PONDUS

13 - Music

```
R V B Q K X C T N R Q I H V J R
E O D Y X Q A M P J L N Z O V U
C C C Z G T N L X W L S E S P M
O A I Y J E T A E T A T N A C X
R L A I D R O C N O C R U L V M
D I Y L W Y R I Y W I U N C R U
I S J N U C F S B D T M C H N S
N O I Q T G X S O W E E P O U I
G R N P A C I A D. K O N X R M C
V E S T I B U L U M P T L U E U
P M N M U S I C U S S U Y S R M
T U F A I N O M R A H M R V O P
B N D I E T K V D C Y U I L S M
O P E R A N B X T X I B C R A A
L M O U N J I J N X H L A M S W
A T C L G G Z A I P M A L H P S
```

ALBUM
NAENIA
CHORUS
CLASSICAL
HARMONIA
CONCORDIA
VESTIBULUM
INSTRUMENTUM
LYRICAL
CANTATE

LIGULA
MUSICUM
MUSICUS
OPERA
POETICA
RECORDING
NUMERO
NUMEROSA
CANTOR
VOCALIS

14 - Family

```
P C W V F P A T E R N I A C N A
A V I V R O R O S O P E N N M N
T E X V A T A N G O C M U L A C
R O X U T A V U S T C E A E T E
U A W L E N A T N E P T I S E S
U B P J R P A T E R O O T M R T
S W V I R Z N S N V T P I L N O
K L X J E C K F B T J E R F O R
N L V I T N R A I U K N E W G L
P D U B A B N Y D L L F U O F H
C S T R M B L Z Y Q I H P J V X
G O M A T E R T E R A I S Y A O
Q E B P I R M L Y E O L P G T J
Q M A U Y L R Y K G N F T G C W
F B E E N X I A T T L Z B W J Z
X G S R F B F F T S I E V I P I
```

ANCESTOR   AVUS
MATERTERA   VIR
FRATER   MATERNO
PUER   MATER
PUERITIA   NEPOS
FILII   NEPTIS
COGNATA   PATERNI
FILIA   SOROR
PATER   PATRUUS
NEPOTEM   UXOR

15 - Farm #1

```
S  C  C  E  O  H  S  E  M  I  N  A  D  M  Q  A
R  I  G  W  E  I  R  C  C  A  I  I  P  E  J  F
X  A  P  G  I  R  P  I  A  V  H  J  I  I  D  J
H  S  P  L  V  C  A  R  N  X  V  R  B  N  I  Z
A  U  L  I  P  U  H  N  I  E  R  L  F  D  H  F
Q  E  F  L  S  M  H  A  S  E  P  E  M  S  X  A
F  E  L  I  S  X  N  K  Y  X  J  U  U  T  P  G
Y  T  I  P  B  S  A  D  Z  M  E  L  L  E  S  R
O  E  B  G  R  E  G  E  M  U  Z  R  L  R  K  I
I  N  Q  R  O  V  U  J  Z  L  L  G  U  C  E  C
D  N  V  N  C  A  Y  S  S  U  T  X  P  O  C  U
M  H  L  Q  O  R  G  A  I  T  K  W  C  R  Q  L
F  D  X  U  R  N  I  R  E  I  S  K  A  A  L  T
P  H  G  V  V  Z  G  P  B  V  E  F  N  T  B  U
A  P  M  E  U  B  O  S  E  S  U  N  I  S  A  R
A  Q  U  A  S  U  U  Q  E  X  Y  Z  S  M  S  A
```

AGRICULTURA	STERCORAT
APIS	AGRO
VITULUM	GREGEM
FELIS	HIRCUM
PULLUM	HAY
BOS	MEL
CORVUS	EQUUS
CANIS	RICE
ASINUS	SEMINA
SEPEM	AQUA

16 - Camping

```
H  K  X  S  I  H  X  D  F  T  D  M  W  L  X  A
R  Y  M  V  N  W  B  H  J  D  H  V  C  A  O  K
I  L  Z  J  S  U  C  A  L  P  X  A  B  K  U  M
P  O  A  R  E  T  N  I  L  L  T  Q  T  S  L  A
J  Z  B  K  C  O  M  M  A  H  A  V  L  I  S  P
Z  E  M  U  T  V  S  E  R  O  B  R  A  C  E  T
V  N  A  T  U  R  A  A  X  S  E  F  P  M  B  N
O  E  Z  A  R  M  T  B  Z  A  R  L  U  G  H  J
U  W  N  R  U  Q  V  L  S  I  N  G  I  N  F  T
L  S  E  A  B  K  W  D  H  L  A  M  I  C  E  D
X  W  H  P  T  W  S  U  S  A  C  I  N  G  T  M
B  W  Y  P  X  I  S  B  V  M  U  Q  W  F  D  M
K  L  I  A  Y  Q  O  R  U  I  L  S  J  S  K  N
C  A  M  E  R  A  M  N  A  N  U  L  P  E  S  E
O  U  Q  T  M  M  W  Q  E  A  M  E  T  N  O  M
N  A  Y  P  P  G  X  X  N  O  F  U  F  P  S  Y
```

CASUS	VENATIONE
ANIMALIA	INSECT
CAMERAM	LACUS
LINTER	MAP
DECIMA	LUNA
APPARATU	MONTEM
IGNIS	NATURA
SILVA	FUNEM
HAMMOCK	TABERNACULUM
HAT	ARBORES

17 - Conservation

```
R  Z  M  X  B  B  V  S  N  U  Y  O  V  Q  V  I
P  V  Q  M  V  Y  I  M  A  L  L  U  N  W  Z  X
B  E  X  Q  C  R  R  M  T  B  P  S  V  U  R  W
X  M  S  G  N  M  I  B  U  J  O  Z  T  M  L  S
R  M  X  T  O  X  D  P  R  O  L  S  R  Z  H  U
R  D  C  A  I  V  I  U  A  F  L  B  Q  P  O  H
Q  E  E  T  T  C  S  T  L  A  U  C  A  E  L  I
Y  A  W  I  A  E  I  J  I  N  T  H  C  U  R  A
D  U  V  B  C  A  C  D  S  U  I  G  S  A  U  S
L  U  E  A  U  T  L  O  E  A  O  L  C  N  O  E
V  X  A  H  D  X  K  I  S  O  R  G  A  N  I  C
U  H  N  O  E  E  S  A  Q  Y  G  C  F  A  G  A
C  H  E  M  I  C  A  L  S  U  S  R  U  C  A  R
M  U  T  A  T  I  O  N  E  S  A  T  P  V  A  Z
S  A  L  U  T  E  M  O  R  A  R  M  E  C  Q  F
R  E  D  U  C  E  R  E  A  Q  U  A  K  M  X  P
```

MUTATIONES	HABITAT
CHEMICALS	SALUTEM
CAELI	NATURALIS
CURA	ORGANIC
CURSUS	PESTICIDE
ECOSYSTEM	POLLUTIO
EDUCATION	REDUCERE
ALIQUAM	NULLAM
VIRIDIS	AQUA

18 - Algebra

```
I  H  T  Y  E  F  Q  F  F  R  A  C  T  I  O  A
H  C  H  I  W  A  T  I  N  I  F  N  I  E  F  L
A  Q  Y  M  F  C  I  D  E  G  M  L  G  T  A  I
R  N  U  F  Z  T  R  W  T  I  D  C  X  S  L  Q
S  E  U  A  M  O  N  P  R  A  E  T  E  R  S  U
I  U  Y  D  E  R  D  I  V  I  S  I  O  V  U  A
S  E  B  T  Q  S  P  X  D  X  I  R  T  A  M  M
E  X  Q  T  S  H  T  Z  V  N  F  D  B  R  N  O
H  P  M  A  R  G  A  I  D  U  P  F  T  I  U  L
T  O  A  U  X  A  S  P  O  L  A  F  X  A  M  F
N  N  W  T  O  P  C  O  V  L  S  W  Q  B  E  O
E  E  F  S  J  D  U  T  L  A  F  T  B  I  R  R
R  N  F  Z  H  L  Z  L  I  U  K  V  U  L  U  M
A  T  M  C  M  N  B  G  Q  O  T  Q  Z  I  S  U
P  K  K  S  U  B  I  R  A  E  N  I  L  S  C  L
W  L  H  J  A  E  Q  U  A  T  I  O  O  J  W  A
```

PRAETER	LINEARIBUS
DIAGRAM	MATRIX
DIVISIO	NUMERUS
AEQUATIO	PARENTHESIS
EXPONENT	QUAESTIO
FACTOR	ALIQUAM
FALSUM	SOLUTIO
FORMULA	SUBTRACTION
FRACTIO	VARIABILIS
INFINITA	NULLA

19 - Numbers

```
Q S E R T A J S V Z N D K E D S
M U E U N U M E V O N N M Z E E
M D A D G Q R P J E X M L B C I
G Z T T E U Q N I U Q I F F I U
E L O O T C O T E M E C E D M B
N E W U M U I G Z T R E Z H A S
D I F D J T O M T I O D O D L N
M T O C T O R R L W K N R N E P
U N D E V I G I N T I I Y C S T
V I D I G I R B Y Y Y U S P L R
E G W E C O R B B M I Q I G M E
A I M I C E D R O U T T A U Q D
T V V N X E S E P T E M Z Q Q E
Q T M P N R M I C E D O U D Q C
F S E P T E M D E C I M E S L I
R M J T Y M Y U A V X D Y D P M
```

DECIMALES	SEPTEM
OCTO	SEPTEMDECIM
DECEM ET OCTO	SEX
QUINDECIM	SEDECIM
QUINQUE	DECEM
QUATTUOR	TREDECIM
QUATTUORDECIM	TRES
NOVEM	DUODECIM
UNDEVIGINTI	VIGINTI
UNUM	DUO

20 - Spices

```
C B G W S A C L Z I P C Y F N V
W E N N V L C M A Z I O M A O Z
F K P V C I D I O I P R V E N T
T F Z A J G G R D S E I V N Z X
A M A R A Y A N R U R A X I V X
K Z Y Z M M V S X X M N A C E P
I C R O C U S A U A O D N U H W
R X R B L I I P F R L R E L A S
P G U Q H L C O B H U I T I N B
A A C O U L L R A A Q P H K U K
P L Y X U A U E E Q N B U H T A
O L P C D C D M B Q M U M O M A
L I Q U I R I T I A E O C K E O
I N K C S A P R O O X X K J G N
L A V U H C J T J D P W Q J V H
X V F W G I N G I B E R T U U R
```

ANETHUM	LIQUIRITIAE
AMARA	NUTMEG
AMOMUM	CEPA
PURUS	PAPRIKA
CORIANDRI	PIPER
CURRY	CROCUS
FAENICULI	SAL
SAPOREM	ACIDUM
ALLIUM	DULCIS
GINGIBER	VANILLA

21 - Universe

```
Z  X  O  I  O  R  M  Y  J  N  S  N  E  P  T  H
A  O  E  H  G  Z  E  D  Q  J  O  Q  A  V  F  E
C  P  D  D  H  K  D  W  T  P  L  Z  N  R  D  M
E  M  P  I  O  A  I  X  A  L  A  G  I  H  J  I
Y  S  J  A  A  R  O  Z  S  R  R  J  F  R  B  S
N  E  V  M  R  C  R  M  T  B  I  U  Y  O  O  P
R  A  M  U  Z  E  E  I  R  D  S  B  G  Z  X  H
O  R  B  I  T  A  T  J  O  C  A  E  L  U  M  A
L  B  Y  P  R  P  S  A  L  T  H  D  V  F  K  E
A  E  F  O  B  Q  A  G  O  O  Q  V  S  R  B  R
T  N  B  C  L  U  N  A  G  W  E  N  T  A  S  I
I  E  E  S  I  N  I  D  U  T  I  G  N  O  L  O
T  T  L  E  O  G  J  U  S  A  E  R  I  S  T  E
U  K  E  L  B  A  S  T  R  O  N  O  M  I  A  E
D  R  F  E  C  O  S  M  I  C  A  M  T  V  L  E
O  U  V  T  C  A  E  L  E  S  T  I  S  M  Z  J
```

ASTEROIDEM	LATITUDO
ASTROLOGUS	LONGITUDINIS
ASTRONOMIA	LUNA
AERIS	ORBITA
CAELESTIS	CAELUM
COSMICAM	SOLARIS
TENEBRAE	TELESCOPIUM
GALAXIA	APPARET
HEMISPHAERIO	ZODIAC
HORIZON	

22 - Mammals

```
P A E E T O Y O C P I Y V L E O
E C X Q U Q S D V A N E L A B M
C N U U Q B L C U N F J M B A A
L L F U Z U Z Z L T C A N I S C
J U A S E V O K P H U R V K I R
S N P N J B O R E E R B G L L O
A K Q U Z R H R S R S E K J E P
V W I V S K G O C A U Z I G F U
F E G F U P F T S I S Y M X L S
S L M H P L D S D E L P H I N I
R I C Q E N G A J B C T M T S C
P A M Z L G R C X A H A V B X O
N F K I U O E P R K G U N D Y B
A Z G P A U N K I N E R F V A D
E L E P H A N T I S N U F Y P L
P Z X S R Y A G W H W S K N Q P
```

URSUS	ORCI
CASTOR	EQUUS
TAURUS	MACROPUS
FELIS	LEO
COYOTE	SIMIA
CANIS	LEPUS
DELPHINI	OVES
ELEPHANTIS	BALENA
VULPES	LUPUS
PANTHERA	ZEBRA

23 - Fishing

```
O C O D B Y Q M U L I F O C L P
L A K G E D F Y A M P V J P I A
C H Y X N S L C D X L B C Z N T
O C E A N U M T E O I X K U C I
W M F W A C U E S F H L J U P E
M B A N P A R M M E D C L U O N
L Z Y H P L T P B B R S Q A N T
E S C A A B S O B J P A E I D I
U Q G J R E I R N A V I Q O U A
X D E I A A N U E R T H M U S D
F Q X Y T C A M M C N C B H A M
J Y F Q U H C Q U O E N Q T O E
A U G E N D O E L Q T A Q Z K O
P O D Z B E C Y F U D R O W P W
J U X Y X K F B I E U B H F S W
Y B R F F C G M R S O H K P F Y
```

ESCA	MAXILLA
CANISTRUM	LACUS
BEACH	OCEANUM
NAVI	PATIENTIA
COQUES	FLUMEN
APPARATU	TEMPORUM
AUGENDO	AQUA
BRANCHIAS	PONDUS
HAMO	FILUM

24 - Bees

```
H Q B B E Z L C D K Q N W R D P
Y O Z H A B I T A T A L V E O N
W J R R M U B I C V A E M J W C
S B B T M T V B V E V M J K D E
O T Q E U J O E S H S U M U F C
L B M V V S E R O L F N F U X O
C V D V N C B O M H S A I T R S
R O T A N I L L O P A L X I R Y
U E G Q R G Q F J E T Y Q L K S
T A G T H P L A N T I S D E K T
N U L I M Y Z R E E S U H I A E
E L X J N S K E L Q R T T D M M
C W J A I A C C L Z E C Z H I Z
S W V L K S Q Z O Q V U J M F W
I O D R E W A I P R I R Z P U Q
M U Q K M S N W P S D F H S E Z
```

UTILE	MEL
FLOREBIT	INSECT
DIVERSITAS	PLANTIS
ECOSYSTEM	POLLEN
FLORES	POLLINATOR
CIBUM	REGINA
FRUCTUS	FUMUS
HORTUS	SOL
HABITAT	MISCENTUR
ALVEO	CERA

25 - Weather

```
Q W T X P C D C C J E H U W V Z
N W W M R A L O P A H O U M A S
J W G U O R S U T N E V Y A I F
F D M Y C U K Y R H C L G L E F
N Q N T E A V D R T I H U G U T
E E W J L M A U R I S Y I M S R
N T W G L T E M P E S T A S I O
W U E E A L R U G L U F U V C P
T I B S E K C C P E C I R T C I
A D S E I C A C A E L I T O I C
S F O D S A L I P X M X I R T A
C M S C I A I S Z B Z I N T A L
U Z M A R P G B G R U O O O T R
S W H A E L O L Q C B D T R E H
X D D R A L Y C G D D C A P G F
C V C D L A T U R B O K I G T W
```

AERIS
AURA
CAELI
NUBES
SICCITATE
SICCUM
CALIGO
PROCELLAE
ICE
FULGUR

ETESIA
POLAR
MAURIS
CAELUM
TEMPESTAS
TORTOR
TONITRUA
TURBO
TROPICAL
VENTUS

26 - Adventure

```
O P R A E P A R A T I O Y K A P
C L I Z Y Z R E R L I C G W C U
C Z R I M U I D U A G G C L T L
A P F E E Q W S M M U P E S I C
S M U D N A N I R G E R E P O H
I U S S O R H C N A E E G Y W R
O S A D I F F I C U L T A S U I
N O L S T T I M B Q N U R G I T
E L U T A L B A Z U Q T V O W U
M U T U G N A T U R A R M X F D
W C E D I H C P G X X I Y T W O
F I M I V I D W K R V V G S N T
K R L U A T I L O S N I E S T B
D E J M N P D E T G T I F H J L
E P N O V U M F G U X Z B X E R
M I R U M U I R A R E N I T I A
```

ACTIO
PULCHRITUDO
VIRTUTE
FORTE
PERICULOSUM
DIFFICULTAS
STUDIUM
PEREGRINANDUM
AMICIS
ITINERARIUM

GAUDIUM
NATURA
NAVIGATIONEM
NOVUM
OCCASIONEM
PRAEPARATIO
SALUTEM
MIRUM
INSOLITA

27 - Sport

```
Y  E  A  D  E  A  R  F  H  X  S  P  L  U  S  C
U  Q  F  T  R  A  Y  S  O  W  U  E  W  N  A  B
P  H  T  E  H  T  B  G  Z  R  V  I  S  X  L  G
R  G  V  W  H  L  G  T  A  C  T  L  M  K  U  Q
M  F  I  N  I  S  E  E  M  O  P  I  E  N  T  R
U  A  C  G  J  F  O  T  O  R  X  A  T  V  E  M
R  Y  X  N  H  P  J  C  A  P  M  X  A  U  M  E
O  G  N  I  L  C  Y  C  D  U  U  G  T  H  D  N
H  N  K  G  M  K  R  D  A  S  S  O  L  Y  M  O
C  E  Q  G  S  I  F  N  Z  I  C  B  U  S  O  I
B  K  L  O  M  K  Z  T  H  D  U  U  C  G  Z  T
A  Z  C  J  S  Z  P  E  C  U  L  T  A  Y  W  I
P  A  T  I  E  N  T  I  A  L  I  Y  F  X  Z  R
P  Z  U  F  H  D  S  D  R  Y  Q  E  Q  L  O  T
E  X  T  E  N  D  E  N  S  L  E  L  I  T  S  U
M  E  T  A  B  O  L  I  C  A  E  X  Z  O  A  N
```

FACULTATEM	SALUTEM
ATHLETA	JOGGING
CORPUS	MAXIMIZE
OSSA	METABOLICAE
RAEDA	MUSCULI
CYCLING	NUTRITIONEM
CHORUM	ELIT
DIET	LUDIS
PATIENTIA	FORTITUDO
FINIS	EXTENDENS

28 - Geology

```
W I V Y B G I L R E Y F V M C T
C I Z Q K Q E E A X M S J I A E
Z T R A U Q F Y C G H C F N L R
H U A D C V J P S U E P C E C R
C X J E R I H V Q E F Q O R I A
P R I A Q O D J G W R L N A U E
F S Y X C V D U J S P A T L M M
O T C S U M V U M U I V I I S O
S A I S T U S T O N E A N B P T
S L R I N A S M U C C A E U E U
I A C N X E L A S S Y A N S C S
L C U W H T A S E X E I S M U X
E T I Q P A R V N B F Q T W S Q
N I T K W L O N A C L O V W V F
X T U T A P C R E G E Z K Y W W
G E S A M W E X I Q F C G F X N
```

ACIDUM
CALCIUM
SPECUS
CONTINENS
CORAL
CRYSTALS
CIRCUITUS
TERRAEMOTUS
EXESA
FOSSILE

GEYSER
LAVA
ACCUMSAN
MINERALIBUS
PLATEAU
QUARTZ
SAL
STALACTITE
STONE
VOLCANO

29 - House

```
S R M G E L P A O P X N E P F S
U E M J U I L F E R G I Q A L H
C B P W L G W M K P T B A M R A
O M C E A E A U O N D O N E Y S
L I J A M D Y R A R B I L L P M
P M M I Z O D U A E R A P I Q Q
D E T E C T U M G H O R T U S
L A L U O S T I U M E V Z C B H
U T C L E K A A R T S E N E F U
C S L C E R T U S P E C U L U M
E I A O J S T C Z E I C D L W F
R N V B H L I O Q G C C U E D O
N E E E K G C Y C U N O X P D C
A G S M T H A T J S L W S U R O
M K O K B C M U L U B I T S E V
N X A F L G A P W J D W Z U Y Z
```

ATTICA   CLAVES
GENISTAE   VESTIBULUM
PELLES   LUCERNA
OSTIUM   LIBRARY
SEPEM   SPECULUM
FOCO   TECTUM
AREA   LOCUS
SUPELLECTILEM   IMBER
GARAGE   MURUM
HORTUS   FENESTRA

30 - Physics

```
T X M F Q M V R O O Y X A W M C
D F I W I L M H Y I J X C S A H
E T A T I R E L E C S L C G G A
F G A C I N A H C E M B E T N O
P R E R M O T M D R A J L R E S
A C E T S R O S A O O U E M T A
R X L Q D T M J B S G Q R V I T
T O O L U C E L O M S E A E S I
I Z O K P E C U O N V A T S M S
C N T V N L N N E X L E I T I N
U Q C R A E L C U N C N O I O E
L L B V U Z Y K Y H F G O B N D
A V E L O C I T A S C I C U G C
U N I V E R S A L I S N N L M S
F O R M U L A D C X P E B U N V
C O M P A R A T I O N E M M Y R
```

ACCELERATIO
ATOM
CHAOS
EGET
DENSITAS
ELECTRON
ENGINE
FORMULA
FREQUENCY
VESTIBULUM

MAGNETISMI
MASSA
MECHANICA
MOLECULO
NUCLEAR
PARTICULA
COMPARATIONE
CELERITATE
UNIVERSALIS
VELOCITAS

31 - Dance

```
F N A Y L A E T A N E O V C C T
E X P R E S S I V U M R Z U H R
Y A O J U U Y Q T B U Z T L O A
I F X S A T I P A I D E S T R D
Y F Z X K O L D X S N V V U E I
M E L F L M X U M D E P U R O T
U C W I G M U I C O S C Q A G U
S T S Y K R L W H F N R N E R M
I U M S L Q E A I M E D A C A A
C S L A C I S S A L C H M M P R
A N A C K S A X Y Q E L X S H U
V D U O R E M U N S R M H C Y T
O B S R Y Z L P G R A T I A R A
R J I P C H Y G T J C T G B W T
J V V U H Z W W U B X L C A Y S
I T W S D N C J M Z O B U X Q Q
```

ACADEMIAE
ES
CORPUS
CHOREOGRAPHY
CLASSICAL
CULTURAE
CULTURA
AFFECTUS
EXPRESSIVUM
GRATIA

LAETA
MOTUS
MUSICA
SOCIUM
STATURAM
RECENSENDUM
NUMERO
TRADITUM
VISUAL

32 - Shapes

```
C S A R O V C Z P B N T Q A R T
S I N O C Z Y D O K W I P N E R
K D R Q P K L O L R J H E G C I
Z I N C S L I V O B R X V U T A
K M H Z U K N A L I N E A L A N
B A W U L M D L C U R V A O N G
P R D D U I R A M U W R M D G U
C Y P M C H O W P F P S S B U L
Z P X D R E L L I P S I I H L U
Q X P Z I P I J J B A T R B U M
P Q Q H C Z U U C K Q Q P N M S
V A P O L Y G O N U M W O I D O
P B R A I A R E A H P S U B U C
N S F T U N R Q U A D R A T U M
I Q S B E M M C S F T C R L U B
W Q Z M L E G Z B E G P M Q G E
```

ARC	OVAL
CIRCULUS	POLYGONUM
CONI	PRISMA
ANGULO	PYRAMIDIS
CUBUS	RECTANGULUM
CURVA	CIRCUM
CYLINDRO	PARTE
ORAS	SPHAERA
ELLIPSI	QUADRATUM
LINEA	TRIANGULUM

33 - Scientific Disciplines

```
A M I S O C I O L O G I A E G L
N E M A C I N A T O B U A K R T
T T M I N B F R H K R M H I A E
I E U M Z I M R H D D E H N M D
Q O N E S X Q Y Q M B A K E M U
U R O H N E U R O L O G Y S A I
I O L C P A H T G M T A T I T S
T L O N H I C S B I C I A O I L
A O G M Y M A I X I S G Z L C M
T G Y B S O N M N D O O J O A A
I Y W W I N A E U A N L Z G Z A
S X L V O O T H C H H O O Y U N
Z F B T L R O C S Y Q C S G S H
L O D R O T M O R H Z E E I Y P
B T V W G S I I O M I O C M G F
M Z F J Y A A B M S O G K M Z L
```

ANATOMIA
ANTIQUITATIS
ASTRONOMIA
BIOCHEMISTRY
BIOLOGY
BOTANICAM
CHEMIA
OECOLOGIA
IMMUNOLOGY

KINESIOLOGY
GRAMMATICA
MECHANICA
METEOROLOGY
NEUROLOGY
PHYSIOLOGY
DUIS
SOCIOLOGIAE

34 - Science

```
E K E I M U L G T F D Z J A Y M
G G F J W A R Q S D O C J T Z V
B D E E O P P Z Y J V S I O N G
C L F T A X L Q Z S L I S M U R
P A R T I C U L I S C L U I K D
H T Z N A T U R A A A U D Z L H
F A T R R N F P A G E C O A P E
Z D W C Q H N L J B L E M N L S
G R A V I T A T I S I L V N A C
R M J B M I A C D W Y O H P N I
E X P E R I M E N T U M F H T E
N O B S E R V A T I O N E Y I N
S U S S E R G E A R P C I S S T
E V L H S U B I L A R E N I M I
E Z S L L Q C O G O I I T C R S
G B H F A Y M K H N Z P H A A T
```

ATOM
EGET
CAELI
DATA
PRAEGRESSUS
EXPERIMENTUM
EO
FOSSILE
GRAVITATIS
RUM

NULLA
MODUS
MINERALIBUS
MOLECULIS
NATURA
OBSERVATIONE
PARTICULIS
PHYSICA
PLANTIS
SCIENTIST

35 - Beauty

```
A P E H T O X D M Z I E C E D X
F N X V K A D J E O A P T L S K
L I P S T I C K S K P K V E Z Q
C U T I S I L L A V N O C G U U
P M A N Z Y U W N I D A O A D S
I E M N S Z H U V A L C K N V M
B R E I B P O F F I C I A T F N
S O T C Y F T W L I V I T I W W
G P A N O D O R H C P W K A N T
R E E I T H D S S E O I B I T S
A L Q C S H A M P O O L O N J I
T L E P U Q S Y E I T M O H L L
I F C N L L E M Q T L G I R B Y
A Q E K I T U R S A X I C I A T
V U M B Y S L M M E L E G A N S
G M B A V E N D O T R M R J J G
```

LEPOREM
COLOR
STIBIO
CINCINNIS
ELEGANTIA
ELEGANS
ODOR
GRATIA
LIPSTICK

CONVALLIS
SPECULUM
AMET
AXICIA
OFFICIA
SHAMPOO
CUTIS
LENIS
STYLIST

36 - Clothes

```
E N C Y H U Y E B M F Y L M T X
O M T A O C O S L D L W A Y I D
Y C R R E R O M O J A X C B B O
A Z I R K S Q N U H A T I Y I Y
A I H N U Y T U S T A J N M A K
B J S L G O I U E C M Q I W L D
R U N O C U N V S H I I A M I F
A K B C X U L M A L L I M R A R
C S H X C A N U S A M A J A P H
C Y M U E M W U M M A J K D Q O
A W U B N W Q X X Y R L E W E J
E M Q J A C K E T D S S K G T X
Y W Y Y L Y I A R E T A E W S P
M O N I L E X G A M H A B I T U
B K I P U S A N D A L I A S T A
J J Z U N R Q A S C B Q I F X F
```

CINGULUM	MONILE
BLOUSE	PAJAMAS
ARMILLAM	BRACCAE
COAT	SANDALIA
HABITU	CHLAMYDEM
MORE	SHIRT
CAESTUS	NULLA NEC
HAT	LACINIA
JACKET	TIBIALIA
JEWELRY	SWEATER

37 - Ethics

```
R A T I O N A B I L E S O D E R
N G R R T A I T N E I P A S H E
R E A L I S M U S A R E Y I I V
D A I D R O C I R E S I M T X E
X I H U M A N I T A T I S A U R
Z T G A L T R U I S M D R T W E
V N V N J L T X U A C L A S Q N
Q A S Y I U W L Z R H C I E A T
H R D Y E T A T I R G E T N I I
Q E L O A L A J H U I J N O U O
Q L A E F X N T R A O E E H P R
Q O R L F S O A E U Q S I U Q L
F T J K R L B N M M U L T Z B N
P H I L O S O P H I A L A R T A
A R R V H K O I T A R E P O O C
M I S E R I C O R D I A M F Z L
```

ALTRUISM
MISERICORDIA
COOPERATIO
DIGNITATEM
HONESTATIS
HUMANITATIS
QUISQUE
INTEGRITATE
MISERICORDIAM

SPE
PATIENTIA
PHILOSOPHIA
REALISMUS
RATIONABILE
REVERENTIOR
TOLERANTIA
BONA
SAPIENTIA

38 - Insects

```
W C X Y Y O M A T T A L B A V M
A M X H V P V P T W G V F N G B
Y N B S S Y O I C I C A D A K F
L O C U S T A S I T N A M S J K
F B I L L O Z P O E U Y Q C V R
N I S L W R G A E C S I D U A P
O O Z I I A E N I T I S U Q O O
G Y F R W P S T A P H I D S P I
A N N G M E A P P Y Q M Q U C V
R C S Y C P I P V U S R F O U M
D G U B Y D A L S O Z E O P J B
N S R L B E E T L E Z V Q U Y K
F X E A E T I M R E T D L X V Y
H G T V K X A R M B N M K C S O
M M U M F W C J V S D K P F V O
R J V V E B N U Y J P C U G M F
```

ANT   LADYBUG
APHID   UTERUS
APIS   LOCUSTA
BEETLE   MANTIS
PAPILIO   CULEX
CICADA   TINEA
BLATTAM   TERMITE
DRAGONFLY   WASP
GRILLUS   VERMIS

39 - Astronomy

```
A N U L T S E L L E T A S G O V
T S E I I E G R R B N D A A B O
E I T E A I R S U E I Z M L S X
N S B R V M T R A C C K I A E R
A P N Z O R Q N A A A X X X R M
L I I N N N R R N I L N A I V J
P L M W R U A M K D U X S A A Q
K C Z I E X P U V O B B T G T E
T E P H P A E L T Z E H R M O L
L B P E U F S E B B N I O E R S
M E P Q S I L A I D A R L T I I
A E Q U I N O C T I U M O E U D
A S T E R O I D E M T D G O M U
C O S M O S Z E P X Z I U R Y S
Y I C X X E B X N T H C S O K B
T U Y H S N V I E R J R P N P I
```

ASTEROIDEM	LUNA
ASTRONAUT	NEBULA
ASTROLOGUS	OBSERVATORIUM
SIDUS	PLANETA
COSMOS	RADIALIS
TERRA	ERUCA
ECLIPSIS	SATELLES
AEQUINOCTIUM	CAELUM
GALAXIA	SUPERNOVA
METEORON	ZODIAC

40 - Health and Wellness #2

```
V  I  C  O  X  I  D  V  A  N  Y  R  Y  D  P  V
E  N  E  I  G  Y  H  I  K  U  C  R  U  N  I  C
S  K  M  M  Q  S  U  T  I  T  E  P  P  A  H  O
T  T  E  X  M  U  P  A  E  R  J  H  B  W  O  N
I  A  N  T  B  D  G  M  S  I  B  R  O  M  I  C
B  Z  I  U  R  N  A  I  X  T  D  M  N  T  T  O
U  I  U  G  V  O  U  N  E  I  R  O  L  A  C  C
L  O  G  L  A  P  J  U  J  O  A  O  Q  I  E  T
U  W  N  B  Z  J  N  M  K  N  T  D  A  M  F  I
M  S  A  N  U  S  C  I  T  E  N  E  G  O  N  O
X  A  S  I  U  U  W  P  N  M  Y  A  J  T  I  N
S  U  S  P  E  N  D  I  S  S  E  L  Q  A  Z  E
R  E  C  U  P  E  R  A  T  I  O  C  P  N  X  M
C  W  H  O  S  P  I  T  A  L  I  S  Y  A  U  E
V  A  H  A  A  L  I  J  S  G  J  B  K  C  Z  I
O  P  K  J  I  F  A  Q  A  Z  Q  H  T  E  V  O
```

URNA	SANUS
ANATOMIA	HOSPITALIS
APPETITUS	HYGIENE
SANGUINEM	INFECTIO
CALORIE	SUSPENDISSE
DIET	MOOD
CONCOCTIONEM	NUTRITIONEM
MORBI	RECUPERATIO
VESTIBULUM	VITAMINUM
GENETICS	PONDUS

41 - Disease

```
I  T  M  D  Y  S  R  K  N  X  S  J  P  T  I  R
E  G  D  K  E  Z  L  M  E  T  U  L  A  S  M  E
L  I  H  S  I  U  A  L  U  G  P  W  H  E  M  S
I  T  W  N  O  F  O  U  R  P  R  T  E  I  U  P
Z  N  U  C  J  K  L  M  O  A  O  B  R  G  N  I
H  U  V  O  S  S  A  B  P  T  C  S  E  R  I  R
C  O  R  E  M  X  B  O  A  H  B  Y  D  E  T  A
S  F  Y  I  T  D  H  R  T  O  W  N  I  L  A  T
S  V  J  R  N  E  T  U  H  G  J  D  T  L  T  O
G  E  D  J  U  F  R  M  I  E  M  R  A  A  E  R
R  O  P  G  I  L  I  A  A  N  J  O  R  T  M  I
K  Z  M  Z  B  B  V  R  T  S  U  M  I  L  F  I
T  R  I  T  I  C  U  M  M  A  S  E  A  Q  R  A
B  A  C  T  E  R  I  A  L  A  T  F  Q  J  W  N
A  B  D  O  M  I  N  I  S  T  O  R  Z  Z  C  Z
S  G  C  O  N  T  A  G  I  O  S  I  S  A  Z  D
```

ABDOMINIS
ALLERGIES
BACTERIAL
CORPUS
OSSA
INVETERATA
CONTAGIOSIS
TRITICUM
SALUTEM
COR

HEREDITARIA
IMMUNITATEM
LUMBORUM
NEUROPATHIA
PATHOGENS
RESPIRATORII
SYNDROME
JUSTO
INFIRMA

42 - Time

```
Y  P  G  H  X  M  M  X  R  G  Y  Q  D  N  H  B
V  Q  E  N  N  B  A  G  R  I  T  Q  G  Z  O  T
P  O  G  S  T  X  N  W  H  N  D  V  V  F  R  V
A  Q  I  L  T  K  E  D  I  O  A  A  W  Y  O  M
D  E  C  E  N  N  I  U  M  C  R  N  Q  K  L  E
Y  T  I  V  K  M  D  F  U  E  C  A  N  B  O  N
S  N  N  D  V  B  N  U  L  N  A  M  P  O  G  S
H  A  K  F  O  R  O  T  K  T  L  I  Q  D  I  E
N  U  N  C  C  H  D  U  P  U  E  T  Z  F  U  G
Z  N  W  G  L  J  G  R  N  R  N  P  O  T  M  L
H  C  C  Y  U  N  Z  U  O  Y  D  E  L  E  J  B
E  K  Z  B  Y  B  R  M  C  A  A  S  C  J  T  I
R  M  K  A  N  N  U  A  T  O  R  R  A  B  O  I
I  N  W  L  P  P  O  I  E  Q  R  O  T  R  M  S
I  T  W  Z  K  C  F  A  J  P  E  Z  O  V  O  N
M  E  R  I  D  I  E  S  I  T  U  N  I  M  X  B
```

ANNUA
ANTE
CALENDAR
CENTURY
HOROLOGIUM
DIE
DECENNIUM
FUTURUM
HORA
MINUTIS

MENSE
MANE
NOCTE
MERIDIES
NUNC
MOX
HODIE
SEPTIMANA
ANNO
HERI

43 - Buildings

```
E  C  W  H  F  A  C  T  O  R  Y  I  H  A  O  T
L  V  M  F  O  T  K  O  P  B  S  M  G  Q  B  H
K  E  A  J  M  R  W  M  V  I  B  U  Y  Y  S  E
S  I  R  R  U  T  R  T  R  N  K  R  M  T  E  A
C  X  E  H  R  Z  G  E  S  H  O  T  E  L  R  T
H  N  M  K  O  A  K  V  U  I  O  S  N  H  V  R
O  G  A  L  F  S  V  N  Y  M  F  A  O  O  A  U
L  J  C  L  V  I  P  V  B  V  W  C  I  S  T  M
A  M  U  S  E  U  M  I  N  F  M  D  T  P  O  R
T  U  O  H  H  D  H  D  C  M  D  O  A  I  R  A
A  I  Y  T  I  S  R  E  V  I  N  U  G  T  I  F
O  D  C  K  V  S  F  S  T  A  O  J  E  A  U  T
T  A  B  E  R  N  A  C  U  L  U  M  L  L  M  P
A  T  L  M  I  W  N  A  L  L  K  X  G  I  R  H
P  S  U  V  Q  I  Q  L  F  U  Q  X  V  S  S  C
A  D  J  B  L  W  L  A  T  N  J  C  E  U  O  M
```

DUIS	NULLA
HORREUM	MUSEUM
CAMERAM	OBSERVATORIUM
CASTRUM	SCHOLA
LEGATIONEM	STADIUM
FACTORY	FORUM
FARM	TABERNACULUM
HOSPITALIS	THEATRUM
HOSPICIO	TURRIS
HOTEL	UNIVERSITY

44 - Philanthropy

```
C  J  K  M  I  P  B  K  T  M  H  Y  V  O  Q  L
O  D  C  E  U  R  P  O  P  U  L  U  S  Z  Y  I
M  P  O  T  V  O  Z  S  S  T  B  W  Y  A  U  B
M  E  N  A  E  G  V  O  I  A  X  L  D  L  H  E
U  C  T  S  N  R  B  U  B  D  D  M  N  I  X  R
N  U  A  W  I  E  C  N  A  N  I  F  S  Q  R  A
I  N  C  T  S  S  F  E  D  H  I  N  R  M  R  L
T  I  T  M  T  S  Q  E  S  U  K  J  X  J  G  I
A  A  U  S  N  I  I  L  I  F  S  X  H  D  D  T
S  T  S  N  X  O  B  O  P  U  B  L  I  C  A  A
B  H  U  M  A  N  I  T  A  T  I  S  O  M  F  T
H  O  N  E  S  T  A  T  I  S  F  G  I  P  E  E
I  O  A  T  P  T  V  F  C  S  V  O  S  T  U  N
F  V  J  N  I  B  A  G  F  O  W  H  S  K  Y  S
H  I  S  T  O  R  I  A  W  W  M  K  I  A  P  V
Q  D  I  Y  T  C  O  E  T  U  S  T  M  G  U  M
```

FILII	HISTORIA
COMMUNITAS	HONESTATIS
CONTACTUS	HUMANITATIS
DATUM	MISSIO
FINANCE	OPUS
PECUNIA	POPULUS
LIBERALITATE	PROGRESSIO
METAS	PUBLICA
COETUS	IUVENIS

45 - Gardening

```
A E B P R W V Q T I Q T O Q R C
C D F L O S B W O M F S X Y S T
I N I G M T M K N U Q K O D F B
N O R P U U W M C I T O X E R B
A R L V I E F S O L O D Q G F O
T F S F J S J L I O T S L B O F
O V F P V O C W O F U J S E R L
B C V H E H T I W R L G N Y C O
U F L Z F C S G N H A P E R H R
K N A R O X I D J G U L N U A E
W C A E L I L E L T Q T I N R B
S E M I N A U F S A A U T B D I
W V G S U B D Z W V A G N J U T
E K S U C R E T S J R H O O L S
Y G I R T G G Z E X N N C H Z E
K B Y A O K A L U X Z Z I E H J
```

FLOREBIT
BOTANICA
FLOS
CAELI
STERCUS
CONTINENS
LUTO
EDULIS
EXOTIC
FLORALIBUS

FRONDE
HOSE
FOLIUM
UMOR
ORCHARD
ADIPISCING
SEMINA
SOLO
SPECIES
AQUA

46 - Herbalism

```
U T N L D C N O I S O L F Z S F
T W C J C M I A H A I S A C P A
H H F C U U T T Q P L C P C W E
A O P L A N T A V O A C D O Y N
R Y R A N I L U C R B Y X D X I
O I H T S L B T C E L I T U X C
M N M M U E K A O M L G J S V U
A G C Y N S S U S M U S I I G L
T R Y R I O N W Z I L I J R M I
I E R P R R B J A G L D L N U A
C D E E A T W H M X E I F L N X
U I M P M E R V L D V R U H A S
M E D F S P V J N C B I M S G W
A N C I O C R O C U S V I E I K
H S P O R O R I G A N I N I R A
S V S I Y N O G A R R A T G O I
```

AROMATICUM	INGREDIENS
BASILIUS	CASIA
UTILE	ORIGANI
CULINARY	MINT
FAENICULI	ORIGANUM
SAPOREM	PETROSELINUM
FLOS	PLANTA
HORTUS	ROSMARINUS
ALLIUM	CROCUS
VIRIDIS	TARRAGON

47 - Vehicles

```
V Q G F S Y U I T J Z V C Y M V
W F P X I C V I L I Q O S Y O I
Z Z K C T R O T C A R T X M T V
T E R G A O Z O U P A E A U O A
Q E I T R G W G T R C L S T R M
E C N A L U B M A E U E W A D U
H U A S Q Z S W T T R A C T I S
U F V K J L H M I P E N G I N E
X K I H U B W E M O P T E M Z S
I R G X K V A C O C R O L O D G
E Y K L A N R F C I A O T C H J
K R I W F T J S K L S U B W A Y
S U B M A R I N E E I W I M Z Z
P O R T T I T O R H F Y J S W J
S F A Y A I C P I L E Z Y I D Y
T K X F X H U M X R L H N Y I W
```

VIVAMUS
AMBULANCE
NAVI
CAR
COMITATUM
ENGINE
PORTTITOR
HELICOPTER
MOTOR
RATIS

ERUCA
SCOOTER
SUBMARINE
SUBWAY
TAXI
TIRES
TRACTOR
COMITATU
DOLOR

48 - Flowers

```
M Y T A R A X A C U M R M U N F
Z W Y G V Z Q L Y Z U I U T J D
P X U S O J S L Y S I A D H K T
F A I L O N G A M Q L V T T N L
Q L P T E L R O S A O L K Z X O
J D O A C V I G E G F C A S I A
F O F S V I X L D I I G I I H T
E P G V U E R U I W R A R T E U
A E N E A N R L H U T R E O L L
H I B I S C O G C S M D M H I I
U Q H N B D W X R V C E U P A P
L E O G J E P Y O P L N L O N A
Z N A R C I S S U S K I P A T I
N D B K I B L R D W F A O L H J
P E T A L O R U M Y S C G G U J
P A S S I O N F L O W E R A S E
```

FLOS
TRIFOLIUM
NARCISSUS
DAISY
TARAXACUM
GARDENIA
HIBISCO
AENEAN
CASIA
LILIUM

MAGNOLIA
ORCHID
PASSIONFLOWER
AGLAOPHOTIS
PETALORUM
PLUMERIA
PAPAVER
ROSA
HELIANTHUS
TULIPA

49 - Health and Wellness #1

```
H T S F B M A F T X E S Y M E S
X H X R O G Z P M F R L C E H E
P Q I A R E F L E X U M O D O T
I P U C G U D G J T Z C N I R C
T E B T E G E X A A O D S C M O
F R L U Q A D T L L O W E I O U
A A I R E T C A B T S P Q N N T
W V M A S Q N Q Q I S S U A E F
W T K E W H L U P T A P A E S E
O Z F J S H X U C U V O T S U J
N L K M T A U W I D I N I C R N
C M L H E B E E S O T U T C I E
T U F X O I T A R U C H Q Z V R
V O T Y Z T F M W W A K E T Y V
S D Z I L U C S U M I Z E J A I
M U I A S S U C I D E M Y F K S
```

ACTIVA	MEDICINA
BACTERIA	MUSCULI
OSSA	NERVIS
EGET	ATQUI
MEDICUS	REFLEXUM
FRACTURA	CONSEQUAT
HABITUS	CUTIS
ALTITUDO	JUSTO
HORMONES	CURATIO
FAMES	VIRUS

50 - Town

```
B Q Z J Z Y D W S U F C P D U U
F O L Z A P G F C H O R A M T N
H X O J W P A W E D R H M S Q I
O E D K K J B K Y P U S U P U V
X D G T S I R O L F M S S I F E
M U I D A T S S K K Y Y E S A R
A S U G B E O P T E M A U T A S
K N Y S P G O R A O A T M R T I
H M R V F E S I E W R A A I G T
T H E A T R U M D J V E P N T Y
I Y L L N C A T Q U I H I U D R
L N L O P Q Z Y E Q A P R M E A
E V A H G D D T B O R S C F J R
L H G C H O T E L Z S V M P P B
F U B S H G G M U U E I O K K I
M Z A L D M Q I F M B D S L Z L
```

ELIT
PISTRINUM
RIPAM
BOOKSTORE
CASU
EGET
FLORIST
GALLERY
HOTEL
LIBRARY

MUSEUM
ATQUI
AMET
SCHOLA
STADIUM
STORE
FORUM
THEATRUM
UNIVERSITY
EXO

51 - Antarctica

```
U B M G E A I H P A R G O P O T
X F I E N K N S T L Q Z K Q I F
T E G O V O Q E I N S U L A E V
A O R G I S U B I L A R E N I M
L Q A R R E I U D K A O C K Y E
U D T A O V S N E N I T N O C X
S X I P N A I S Z B C R D D I P
N N O H M U T Z P Y L O J M F E
I C E I E Q O R F E C T X Z I D
N U I A N A R N O K C Z X T T I
E A S O T V E T E C Z I Z H N T
P V O Y T L M L W W K T E I E I
B F O C E E E V X K D Y W S I O
S L D A Y B F N Y N Z A U G C N
V H B B U A P C L Y O B G A S E
V Y F Z S M Y B Z K P L N S T Q
```

BAY
AVES
NUBES
CONTINENS
ENVIRONMENT
EXPEDITIONE
GEOGRAPHIA
ICE
INSULAE
MIGRATIO

MINERALIBUS
PENINSULA
INQUISITOREM
ROCKY
SCIENTIFIC
SPECIES
TORTOR
TOPOGRAPHIA
AQUA
CETE

52 - Ballet

```
I  W  B  M  Y  H  R  Y  W  A  R  Z  R  N  C  M
T  N  I  K  L  K  J  D  N  R  J  Z  Z  A  H  I
O  N  L  M  M  U  R  O  C  E  D  W  Z  C  O  Z
L  R  U  E  U  S  U  Y  A  R  T  I  S  P  R  B
O  H  C  K  D  V  X  L  Z  H  U  R  R  U  E  K
S  D  S  H  N  S  V  U  V  R  G  D  A  P  O  E
E  P  U  M  E  N  O  I  S  N  E  T  N  I  G  X
R  W  M  U  S  S  E  N  O  I  T  C  E  L  R  P
O  S  B  D  N  V  T  N  U  M  E  R  O  L  A  R
T  A  O  H  E  C  O  R  J  Y  F  Z  S  X  P  E
I  T  L  N  C  P  U  N  A  G  E  S  T  U  H  S
D  G  S  V  E  L  Y  T  S  U  E  F  M  X  Y  S
U  N  Z  X  R  S  A  L  T  A  T  O  R  E  S  I
A  C  I  S  U  M  W  H  W  S  K  V  H  L  C  V
D  N  E  C  O  M  P  O  S  I  T  O  R  X  K  U
Q  C  F  H  S  I  H  A  X  O  M  Z  F  V  M  M
```

ARTIS	MUSCULI
AUDITORES	MUSICA
CHOREOGRAPHY	ORCHESTRA
COMPOSITOR	USU
SALTATORES	RECENSENDUM
EXPRESSIVUM	NUMERO
GESTU	ARTE
DECORUM	SOLO
INTENSIONEM	STYLE
LECTIONES	ARS

53 - Human Body

```
S  I  R  U  A  S  F  I  C  D  N  W  A  T  R  J
U  A  U  N  S  Y  A  I  V  S  T  U  P  A  C  Y
B  Z  N  E  S  O  C  B  R  J  A  S  W  T  L  H
I  U  O  G  O  S  I  T  U  C  R  Q  D  V  C  R
R  H  C  M  U  R  E  M  U  H  S  P  P  Y  U  P
A  M  O  U  N  I  M  R  M  B  O  C  C  M  B  B
N  Y  R  T  A  Q  N  A  C  A  T  M  R  M  I  T
R  J  D  N  M  A  S  E  W  R  X  L  W  U  T  J
N  V  O  E  U  S  U  K  M  I  U  I  L  N  U  K
W  Z  O  M  R  F  F  O  O  D  H  S  L  M  S  X
H  S  G  A  B  G  W  P  V  D  M  U  L  L  O  C
C  L  L  S  E  K  V  G  Q  R  M  T  Z  O  A  C
J  B  I  R  R  V  B  O  C  X  B  I  P  R  T  C
W  U  G  S  E  Y  V  K  K  F  D  G  K  E  Q  Z
O  O  G  U  C  E  C  N  B  G  U  I  H  B  Y  S
M  K  X  E  X  S  O  V  S  Z  U  D  M  V  E  H
```

TARSO	CAPUT
SANGUINEM	COR
OSSA	MAXILLA
CEREBRUM	GENU
MENTUM	CRUS
AURIS	ORE
CUBITUS	COLLUM
FACIEM	NARIBUS
DIGITUS	HUMERUM
MANU	CUTIS

54 - Musical Instruments

```
B E C H Y E C O K F T C T X W G
C O S R D S A G X R H N F S U N
X E W R H X B A S S O O N O E W
L U L Q R J S C J T U B A O H K
J U V L E A T I V T Y I Q Q L
S U Y S O Z I H Y T L T B F E I
S A X O P H O N E M H H I J L Z
U C N I L O D N A M P A T C U B
S I Q S G G M L I Z S A R E A Q
S N I O O J N A B J M O N A I P
U O Q N N T Y I I N E L P U U M
C M R A G B I H T Y X M T U M H
R R K T N Q A N W A Q F O W A K
E A I A Q I S U G C D Q X G F B
P H T R O M B O N E K L V G W J
B Y M E H J W X T S E L N S I A
```

BANJO	MANDOLIN
BASSOON	SONATA
CELLO	PERCUSSUS
PLENI	PIANO
TIBIAE	SAXOPHONE
TIBIA	TYMPANUM
GONG	TROMBONE
HARMONICA	TUBA
CITHARA	VITAE

55 - Fruit

```
G S M R C N C N F N U L B P P C
N U G K F K E P Z O B I E E I U
Q E A Z T Q R K B U E T L R N C
E A C V M V A Y A P A P V S E U
H D O T A Z S U C N O H R I A M
I I R Z A T U Q D Z N O M C P I
Z S M H V R S K G I V I M U P S
I U E S U C I F B K E C N M L A
H B R W I O M N K I W I Z C E U
I U R Z O N T E E H M L E M O N
U R W V D K Q S Z D C A V N K B
V A E D A D O R R F A D H D I E
Z H I Z C A A L R F T Q O M Q R
A W G T O G N A M A I T E L E R
E V J U V S V J D I S I V Y O Y
R C G S A P P L E P I R U M D R
```

APPLE
AVOCADO
BERRY
ETIAM
CERASUS
DOLOR
FICUS
UVA
GUAVA
KIWI

LEMON
MANGO
CUCUMIS
NECTARINE
RHONCUS
PAPAYA
PERSICUM
PIRUM
PINEAPPLE
RUBUS IDAEUS

56 - Engineering

```
S T A B I L I T A T E M A C C H
G M G M U D N U F O R P N O A Q
E N G I N E Q P X L S E G N L E
M O T O R W U H F B G L U S C P
P U V S E M S B H B S L L T U F
E R L K F A Q U A I U E U R L X
D Z O U T U M B N X T N S U U R
R N V P B Q T F F D A T C C S Q
I G S C E I A N N I R E L T R D
F Y F Y M L T J W D A S I I B I
E F Q Y F A L S K S P Q Q O X A
R N T Z M X V E E Z P U U N P G
C B A M H Y Q L N V A E I E D R
S T R U C T U R A T I X D S I A
D F C W L M U I T C E V I V A M
D I S T R I B U T I O M V S M E
```

ANGULUS
AXIS
CALCULUS
CONSTRUCTIONE
PROFUNDUM
DIAGRAM
DIAM
PELLENTESQUE
DISTRIBUTIO
VESTIBULUM

ENGINE
ANNI
VECTIUM
LIQUID
APPARATUS
ALIQUAM
MOTOR
PROPELLENTEM
STABILITATEM
STRUCTURA

57 - Government

```
Y U F R X F Z X S E N V Z X B D
E I B T M Q C I U I T A T E M I
I U R E J A H S T D A D L L C S
V E N L Y H C I A F E E I N V P
K R S N E G E G T G Q M B K K U
D R A A U D Z N S L U O E D P T
P A C I S L Y U U O A C R Z D A
D G I T I I L M M Q L R T G J T
F P T I L F L A U W I A A D R I
D R I T I L T A M C T T T F O O
H B L S V I K H I H A I E B I N
F U O U I F B H P C S A M L F E
E W P I C V H X I X I C E Z Q M
M O N U M E N T U M B D L S F H
E O R A T I O F T F H Q U L O I
C O N S T I T U T I O V Q I E V
```

CIUITATEM
CIVILIS
CONSTITUTIO
DEMOCRATIA
DISPUTATIONEM
NULLAM
AEQUALITAS
IUDICIALIS
IUSTITIA
LEX

DUX
IURE
LIBERTATEM
MONUMENTUM
GENS
PACIS
POLITICA
ORATIO
STATUS
SIGNUM

58 - Art Supplies

```
G A V C E N O D X J G U V M A A
T X I A I Y S M J H Y K Y F W C
W J M M J P E N I C I L L I U R
A Z U E K X N E P K X U H Y P E
O T I R A P O T E G R E T R E P
T C R A H O B U D Q N S M V W W
I H A A D K R L D E V S Q B A Y
U Q S T M G A G O T L A M E T R
M U S R H E C A Q U A E M H E Y
A W O A Y E N S E R O L O C R D
S K L H N M D T X E L D V U C F
N E G C P T I R U Z E W D B O V
E A F Q F N H X A M U T U L L M
M I Q A R A P K T W M L J Y O N
M C I M X U L S R P X V S W R T
F X Z W A W N W U D L A H C S C
```

DONEC
PERTERGET
CAMERA
CATHEDRA
CARBONES
LUTUM
COLORES
GLOSSARIUM
OTIUM

DELEO
GLUTEN
ATRAMENTUM
OLEUM
CHARTA
PENICILLI
MENSAM
AQUA
WATERCOLORS

59 - Science Fiction

```
F C H E M I C A L S R I A D I H
B U L X A V J L U I E L R Y M Y
F O T Y M E Y L T N P L C S A B
T E N U E S S U Z G C U A T G F
K E V V R S T N O I V S N O I U
Q G C Y T I A Z D R Q I U P N K
P Y Y P X D S H F V A O M I A T
X I Q D E N U T L S G C N A R R
N Y K U A E T S I M A V U N I T
P G J A T P I D O C L M Q L A Y
L L T P N S P F V D A J Z Z U W
H N A K K U E K C W X S K L D M
R I E N R S R F T Q I M U N D I
D P O D E L C T O Y A I P O T U
P F F H E T D I S T A N T N Q U
V O S M H U A A T O M I C U S R
```

ATOMICUS
CHEMICALS
DISTANT
DYSTOPIA
CREPITUS
EXTREMA
SUSPENDISSE
IGNIS
FUTURISTIC

GALAXIA
ILLUSIO
IMAGINARIA
ARCANUM
ORACULUM
PLANETA
NULLA
UTOPIA
MUNDI

60 - Geometry

```
C  R  A  T  I  O  V  W  Z  E  Z  V  A  L  S  P
A  V  R  U  C  Q  P  E  V  H  B  W  B  O  N  A
L  N  D  Y  K  Y  R  B  S  H  R  W  L  G  N  R
C  P  I  Z  F  T  A  U  T  O  D  Z  I  X  A
U  M  A  S  S  A  E  Y  L  W  I  A  F  C  V  L
L  A  R  S  I  X  D  X  U  D  T  B  M  A  S  L
U  Q  K  T  C  Z  I  O  C  J  R  G  U  K  U  E
S  H  Q  H  A  C  T  D  R  O  O  Y  T  L  L  L
M  R  Y  E  D  Z  I  S  I  W  P  W  N  P  U  A
E  U  D  O  C  W  S  Y  C  P  O  S  E  I  G  M
D  I  U  R  J  F  U  Y  S  U  R  E  M  U  N  J
I  Y  O  I  T  A  U  Q  E  A  P  G  G  W  A  M
A  D  M  A  A  L  T  I  T  U  D  O  E  S  Y  W
N  I  L  P  I  Z  E  D  F  G  K  B  S  T  G  N
U  A  S  U  P  E  R  F  I  C  I  E  M  I  W  Q
S  M  U  L  U  G  N  A  I  R  T  I  S  D  Y  D
```

ANGULUS	MASSA
CALCULUS	MEDIANUS
CIRCULUS	NUMERUS
CURVA	PARALLELA
DIAM	PROPORTIO
RATIO	SEGMENTUM
AEQUATIO	SUPERFICIEM
ALTITUDO	PRAEDITIS
VESTIBULUM	THEORIA
LOGICA	TRIANGULUM

61 - Creativity

```
V Z J O T S Y O J N B M K X M I
I D I M W P T Q I T P W E N V M
T M T J I M A G O T A T U M Y P
Q R A Y I N T E N S I O N E M R
M R A G E X P R E S S I O M O E
E R N G I K M U S N E S J F M S
T K L N I N T U I T U M X S
A G I K M C A E N A T N O P S I
T H Y L Q W U T J X K C O Y U O
I P B P F K B S I T R A E P A N
D C L A R I T A S O M Y Z F E E
I N G E N I O S U S V R M P F M
U I N S P I R A T I O F I I Q A
L L A B N Z H O L U N G S B N L
F K T H X C C I R H U G A R T E
E L A T I V I S I O N E S K H G
```

ARTIS
MUTATO
CLARITAS
TRAGICUS
AFFECTUS
EXPRESSIO
FLUIDITATEM
IMAGO
IMAGINATIO
IMPRESSIONEM

INSPIRATIO
INTENSIONEM
INTUITUM
INGENIOSUS
SENSUM
ARTE
SPONTANEA
VISIONES
VITALE

62 - Airplanes

```
C D W F C V J Y Q B U W R M W C
A E P D A R O T A N R E B U G O
N S L E E X C T E E D X S T Z N
T C D R L P K V S K R W J R T S
A E O J U S C G C U O I Y O S E
V N E D M C E W A V B Z S P W C
I S F E R O C I A M Z S I E M T
T U L I D Z L S U S A C H T U E
E S L A T P T S U M A L F N I T
B O B K M S Q L Y S E O M U L U
H A E N G I N E K Y R R L E I E
J J L Q V Z K W Y B K E T S S R
E C F L K O S C Z I S A V N N N
X S Q E O D U T I T L A Z A O Y
V W A I R O T S I H C C O R C U
N E H P H S N F J Q I N S T C D
```

CASUS   ALTITUDO
AER   HISTORIA
AERIS   CONSECTETUER
BALLOON   INFLAMUS
CANTAVIT   PORTUM
DESCENSUS   TRANSEUNTE
CONSILIUM   GUBERNATOR
VERSUS   CAELUM
ENGINE   FEROCIAM
ESCA

63 - Ocean

```
S A T S E P M E T C A U P L X D
B Z R U K P Q C M O S X O D K K
A D D T R Y O Q A R E C N A C C
L E E C A T P L O A L L I U Q S
E L S U H K U I Y L A L G A T P
N P O L S E E R W P C I T L U B
A H P F P I S C E S U M E L N U
S I S X P G M Z Y F G S Y I A T
C N A I A I G N O P S C Z U E I
A I L I D E Y J Q D B A R G R Q
C H Y I O G S R F R F W F N T R
B L W R S L F T Z I W B M A S F
N K U R B D T R U J N Q B Y O U
J E L L Y F I S H S R E E F Y R
B E T L E O D B E P B H B Y P O
X M O G E A C M Q Z J Y R U L X
```

CORAL	ALGA
CANCER	SHARK
DELPHINI	SQUILLA
ANGUILLA	SPONGIA
PISCES	TEMPESTAS
JELLYFISH	AESTUS
POLYPUS	TUNA
OSTREA	TURTUR
REEF	FLUCTUS
SAL	BALENA

64 - Force and Gravity

```
P D M T A X I S L O U W H F N I
P R Q B T E F K E H X A T C G C
H U O Z R T D I L A T A T I O T
Y T M P Q A C I N A H C E M S U
S I R O R T I N V E N T I O L M
I B I K S I L A S R E V I N U Z
C A N J Q R E S U P M E T G C P
A R A O C E B T U U L V Y V O L
V U M X J L N H A S V T D D R A
W C N F Y E U L Q T C L Q X P N
Q E R T A C L R M B E I L K B E
M A G N I T U D O O W S P T G T
C E N T R U M Q E N T M B I Q A
M A G N E T I S M I Z U Y F T R
P O N D U S O R B I T A S E X U
S S R G H B A W T Z E I V F I M
```

AXIS	MOTUS
CENTRUM	ORBITA
INVENTIO	PHYSICA
PROCUL	PLANETARUM
SUSCIPIT	CURABITUR
DILATATIO	PROPRIETATES
ICTUM	CELERITATE
MAGNETISMI	TEMPUS
MAGNITUDO	UNIVERSALIS
MECHANICA	PONDUS

65 - Birds

```
C O R V U S A I N O C I C V X L
P A W Q F M E N O I H T U R T S
G L J O P E U A A L I U Q A N C
I B Y L E R A C V T B D U G M O
C R K R L E O U T D I P I N A L
G U L L I S R O R P U S U E M U
F B Z V C N M T Z V L U Y H C M
P F G E A A I L O O K C U C Y B
H A B E N U V P V G B A M C C A
I Y S S O N F V A N L T Y X P V
Q L W S R W L V P I P T V P C I
Z K C Q E Z Y O R M R I E E Y P
M V A R H R I E N A W S O V U M
H M X S B U M U L L U P N P N F
R V P A A W G M T F Q N Q P L M
M M N G G V R D S K X O N L S G
```

GA
PULLUM
CORVUS
CUCKOO
COLUMBA
ANATIS
AQUILA
OVUM
FLAMINGO
ANSEREM

GULL
HERON
STRUTHIONEM
PSITTACUS
PAVO
PELICAN
PASSER
CICONIA
SWAN
TOUCAN

66 - Nutrition

```
P Q Q G S S I L U D E K H P V C
A M U T N E M I D N O C A O L N
L E A A I T U O X G O K B N N N
X R L P X A T J Q F K W I D U C
S O I P O R N T S F J A T U M O
A P T E T D E W Z B G M U S X N
B A A T A Y M E Z X A D S Y E C
K S S I M H R U Z J E A U D S O
Q U C T D O E V N Q H G B F A C
O N H U I B F M Y I O F I K L T
H A A S E R A K C F M M C F U I
F S Y Y T A S E R V O A L B T O
D H J O C C Z M L V Y R T K E N
A D I P I S C I N G E A I I M E
S I D H T N C Q S E W M S L V M
O O J S X F I L I B R A T U M J
```

APPETITUS   HABITUS
LIBRATUM   SALUTEM
AMARA   SANUS
ADIPISCING   CIBUS
CARBOHYDRATES   SERVO
DIET   QUALITAS
CONCOCTIONEM   CONDIMENTUM
EDULIS   TOXIN
FERMENTUM   VITAMINUM
SAPOREM   PONDUS

67 - Hiking

```
S  J  E  O  K  Z  Q  U  F  I  W  O  B  P  V  C
G  R  A  V  I  S  U  N  R  E  B  A  T  D  T  A
I  A  U  X  T  B  U  A  N  I  M  A  L  I  A  E
C  V  Q  L  E  E  E  S  N  I  K  A  B  V  V  L
A  I  A  A  M  L  C  X  S  G  K  L  T  W  Z  I
S  X  G  P  P  Z  V  Q  I  A  P  A  X  W  W  H
T  G  P  G  E  A  J  S  F  C  L  P  T  U  C  H
R  R  A  B  S  S  G  B  U  U  U  I  A  Y  J  X
A  J  V  X  T  E  B  H  P  L  U  D  Z  M  B  Q
Q  N  S  B  A  U  X  B  H  M  L  E  F  P  Q  O
L  Z  I  W  S  P  P  X  L  E  U  S  A  D  F  V
D  U  C  E  S  Y  S  D  U  N  M  O  N  T  E  M
N  P  R  A  E  P  A  R  A  T  I  O  S  O  L  G
Z  T  A  Q  P  E  M  R  H  T  N  A  T  U  R  A
W  B  P  C  K  O  R  I  E  N  T  A  T  I  O  N
A  R  I  P  P  M  X  W  Z  F  Q  Q  R  V  O  D
```

ANIMALIA	PARCIS
TABERNUS	PRAEPARATIO
CASTRA	LAPIDES
CAELI	CULMEN
DUCES	SOL
GRAVIS	LASSUS
MAP	AQUA
MONTEM	TEMPESTAS
NATURA	FERA
ORIENTATION	

68 - Professions #1

```
A  T  U  A  N  F  C  R  A  K  J  N  X  O  Z  A
J  S  C  C  A  R  T  O  G  R  A  P  H  E  R  T
E  U  T  X  G  T  B  T  O  O  W  C  W  R  O  T
W  I  I  R  I  U  X  I  R  T  U  N  T  A  T  O
E  R  U  Z  O  K  D  D  Q  A  V  Y  T  E  A  R
L  A  I  C  A  L  W  E  S  T  O  V  F  D  N  N
E  B  B  O  T  K  O  B  W  L  H  N  W  A  E  A
R  M  B  V  L  S  B  G  Y  A  L  V  R  W  V  T
W  U  B  D  C  U  I  A  U  S  E  V  T  E  L  U
Y  L  W  B  G  T  O  G  P  S  Z  L  R  M  M  M
O  P  Z  P  S  A  R  T  O  R  B  I  C  E  G  I
V  X  C  M  I  G  S  J  M  L  C  A  U  D  K  K
F  H  U  P  H  E  H  T  C  U  O  K  M  I  G  I
E  U  V  T  V  L  H  O  G  P  H  E  E  C  P  K
P  S  Y  C  H  O  L  O  G  I  S  T  G  U  B  O
M  U  S  I  C  U  S  Q  T  N  D  I  C  S  M  K
```

LEGATUS	VENATOR
ASTROLOGUS	JEWELER
ATTORNATUM	MUSICUS
REMI	NUTRIX
CARTOGRAPHER	THE
RAEDA	PLUMBARIUS
SALTATOR	PSYCHOLOGIST
MEDICUS	NAUTA
EDITOR	SARTOR
GEOLOGIST	

69 - Barbecues

```
C W E C C F A M E S U M Z O N C
F W X Q I O G D O N C Q Q M M E
W H G T B B N A V A Z I C H J P
A S I I W I U D H N Z W W B Q E
F I L I I W G M I I R S Z W X N
V C M U S I C A T M S Q A J V I
P I M Q M G W L N U E U S L N Q
J M A M F M G U E G O N E N C H
C A L I D U M D T E T A T S E A
Y I U L B I H O O L A N N U S B
V L C P P D C S P B M S E T M B
M I I Q Z N E A G S O X D C J A
H M T D A A F D X K T D I U Y E
U A A N Z R L W X C F R R C J
Q F R S Z P P V F R M H T F R T
H Q C Z J P U L L U M O Y I B J
```

PULLUM
FILII
PRANDIUM
FAMILIA
CIBUM
TRIDENTES
AMICIS
FRUCTUS
LUDOS
CRATICULAM

CALIDUM
FAMES
MUSICA
CEPE
POTENTI
SAL
CONDIMENTUM
AESTATE
TOMATOES
LEGUMINA

70 - Vegetables

```
E A V I L O K G Q I F D W Q L P
D T P I S U M F G M U R X W H E
Z I R E U B O S H C N L I Y I T
G B M G C V R E B I G N I G S R
O R X W U U P U L H O I K F H O
S U T N A L P G G E R E E S A S
I C V H D H U O S C U H U S L E
D U H Z K X T Y E Z M I H G L L
A C I S S A R B M E L U N W O I
A L L I U M R A P A V X I G T N
P M S B W T C U C U M I S P W U
B H I Y T H C A N I P S U T A M
R A D I C U L A E U L Z C L X M
P Y R O Y G F M C C U X N U Y T
Z F U C Y A L G E N T E M M Z A
Y V E L F A N Y N Z R A U Z D A
```

CACTUS
ALGENTEM
DAUCUS
BRASSICA
APIUM
CUCUMIS
EGGPLANT
ALLIUM
GINGIBER
FUNGORUM

OLIVAE
CEPA
PETROSELINUM
PISUM
CUCURBITA
RADICULA
SEM
SHALLOT
SPINACH
RAPA

71 - Boats

```
I  P  Q  F  H  S  Q  I  A  J  R  H  A  F  E  V
W  Z  O  N  A  Z  S  P  B  Y  M  C  N  L  F  U
S  P  H  R  S  U  S  T  I  N  E  O  C  U  B  Y
M  V  A  E  T  H  C  A  Y  P  N  T  H  M  U  A
L  K  Z  T  R  T  Y  F  V  M  I  J  O  E  A  G
A  H  A  N  U  A  I  Q  U  E  G  K  R  N  F  A
R  E  B  I  G  B  T  T  U  G  N  A  V  I  S  K
G  I  M  L  E  C  K  I  O  E  E  Y  V  N  Y  W
A  Q  A  D  O  D  J  S  S  R  T  A  Q  S  S  N
X  J  R  S  T  C  H  U  L  G  S  K  J  F  U  A
Z  A  E  L  X  B  E  C  A  N  T  A  V  I  T  U
N  E  P  O  E  E  Q  A  E  X  M  W  G  P  C  T
C  S  U  Z  W  R  O  L  N  O  G  P  X  J  U  A
L  T  D  I  F  I  O  F  V  U  I  I  O  G  L  S
M  U  N  A  U  T  I  C  I  S  M  E  N  U  F  S
P  S  N  N  N  H  W  G  D  M  F  R  W  G  X  I
```

ANCHOR	OCEANUM
SUSTINEO	RATIS
LINTER	FLUMEN
CANTAVIT	FUNEM
GREGEM	NAVIS
ENGINE	NAUTA
PORTTITOR	MARE
KAYAK	AESTUS
LACUS	FLUCTUS
NAUTICIS	YACHT

72 - Activities and Leisure

```
A R T S A C W A S Y J T Q Q Z O
R O V E U Q I T S I R T N I I U
U S C T U P B E J N J K M T J K
T Y F N E W E A U Q P R C X Z M
C O G A R I B R Y L K V P X D E
I J P T J T O K F E T R U Z L J
P C T A E J X E S I Q R G O L F
N N T N K S I D N A C S I P A I
T R A V E L N L U M O I R C B I
Q B U Q N E G J M P H H E O E G
J W Q H O B B I E S F L A S S S
Z P E D I G N I S S I M M T A P
Y L S P U L V I N A R O E R B L
Y D N G A R D E N I N G T N A M
I V O J U G P B G D S Q F N L R
X B C L L Z P J C Q S H D U I N
```

ES   HOBBIES
BASEBALL   PICTURA
ULTRICES   AMET
BOXING   DIGNISSIM
CASTRA   SUPERFICIES
CONSEQUAT   NATANTES
PISCANDI   TRISTIQUE
GARDENING   TRAVEL
GOLF   PULVINAR

73 - Driving

```
P O F F C N W N P D S G X R V R
E G A R A G A T K J N H N H R B
R O L O D X C D U M E T A C S E
I W P T Q M M Z M K D C E C X L
C M A P P U M R L V I H N E N C
U S Z Y M L Y Q E H C B E L P Y
L R B V O U Q F C C I A E J C
U E W Q T C L G H O A W D R P R
M C A B O I E U Z M O Z A I L O
E A A B R N Y O B S S K Z T A T
T F Q R G U W E Z I U L I A T O
U N M U Q C K D Q Z T O L T E M
L I C E N T I A Q H D S Y E A G
A V V P E D E S T R E M E V X E
S O Z I K T E Q B B D Z S V C L
A F W X A U E M O O S C Y W D L
```

ACCIDENS
DUMETA
CAR
PERICULUM
ESCA
GARAGE
VESTIBULUM
LICENTIA
MAP
MOTOR

MOTORCYCLE
PEDESTREM
AT
VIA
SALUTEM
CELERITATE
PLATEA
AENEAN
DOLOR
CUNICULUM

74 - Biology

```
P V D N M F L A M M A M C N O E
V R G A S V M O C D N U H A S N
E Z A N D C T N E N A T R T M Z
A I R E T C A B L H T A O U O Y
M V O G G C I K L J O T M R S M
E E N O M R O H M F M I O A I E
Y W X H N Y E L W S I O S L S D
E B J T Y E S S L V A N O I I R
L C M A S A U Z S A D I M S S E
J R I P S F B R O U G S E E O P
K E J S Y R I O O F S E R M I T
K N X H N N P V N N X Z N B B I
B E D U A X A C K F Y K J R M L
X U D X P T D G R G E M T Y Y E
G C V A S Y R N E R V U S O S W
X E G B E Y U F R V J R R N E D
```

ANATOMIA

BACTERIA

CELL

CHROMOSOME

COLLAGEN

EMBRYO

ENZYME

PRAEGRESSUS

HORMONE

MAMMAL

MUTATIONIS

NATURALIS

NERVUS

NEURON

OSMOSIS

PATHOGEN

DAPIBUS

REPTILE

SYMBIOSIS

SYNAPSE

75 - Professions #2

```
K  B  X  W  D  U  N  E  X  U  V  B  P  I  D  L
K  P  Q  T  W  V  J  T  N  G  J  M  M  L  E  I
B  I  O  L  O  G  I  S  T  G  F  J  U  P  N  N
G  U  B  E  R  N  A  T  O  R  I  S  I  W  T  G
N  C  A  S  H  H  G  W  N  R  A  N  T  L  I  U
I  L  L  U  S  T  R  R  A  T  O  R  E  Y  S  I
I  M  O  C  U  E  G  N  Z  N  N  K  R  E  T  S
N  A  C  I  N  S  Y  S  O  R  S  C  P  J  R  T
Q  G  I  D  A  L  O  P  O  C  A  M  R  A  H  P
U  I  R  E  L  H  A  Y  N  K  Q  G  J  N  H  S
I  S  G  M  U  L  W  S  S  L  Q  X  C  E  R  V
S  T  A  K  T  U  A  N  O  R  T  S  A  H  Z  V
I  E  M  E  R  O  T  I  S  I  U  Q  N  I  K  Z
T  R  E  R  O  P  H  I  L  O  S  O  P  H  U  S
O  X  R  N  H  Z  O  O  L  O  G  I  S  T  Q  U
R  O  T  N  E  V  N  I  P  I  C  T  O  R  N  E
```

ASTRONAUT
BIOLOGIST
PHARMACOPOLA
DENTIST
INQUISITOR
ENGINEER
AGRICOLA
HORTULANUS
ILLUSTRRATOR
INVENTOR

WISI
LINGUIST
PICTOR
PHILOSOPHUS
PRETIUM
MEDICUS
GUBERNATOR
INQUISITOREM
MAGISTER
ZOOLOGIST

76 - Mythology

```
F  S  O  R  E  H  C  O  D  U  T  I  T  R  O  F
N  U  K  K  G  Y  U  M  K  X  O  V  H  M  R  V
G  L  L  C  I  U  L  O  O  F  N  C  L  U  C  I
C  E  J  G  R  D  T  H  P  B  I  E  S  P  L  N
Z  Z  C  F  U  L  U  D  I  Z  T  G  U  Y  A  D
D  V  L  T  F  R  R  N  N  S  R  R  H  T  D  I
F  F  J  W  L  P  A  T  I  I  U  P  T  E  I  C
M  O  R  T  A  L  E  Z  O  L  A  B  N  H  S  T
B  E  L  L  A  T  O  R  N  A  B  W  I  C  S  A
C  R  E  A  T  U  R  A  E  C  E  J  R  R  Q  M
C  A  E  L  U  M  O  T  S  I  O  F  Y  A  O  G
N  G  Z  N  J  L  D  N  E  G  E  L  B  A  U  M
U  O  T  Z  V  A  S  C  M  A  G  O  A  S  R  U
C  T  M  M  V  Q  J  U  O  M  Y  Z  L  F  F  R
F  U  C  M  O  N  S  T  R  U  M  Z  P  G  A  F
T  R  I  U  M  P  H  A  N  T  E  S  K  W  D  L
```

ARCHETYPUM	LEGEND
MORIBUS	FULGUR
OPINIONES	MAGICALIS
CREATURA	MONSTRUM
CULTURA	MORTALE
CLADIS	VINDICTAM
CAELUM	FORTITUDO
HEROS	TONITRUA
ZELUS	TRIUMPHANTES
LABYRINTHUS	BELLATOR

77 - Agronomy

```
F M M A I T N E I C S H H C Z P
J V O G O E C O L O G I A A Q R
U D R R M G Z C L T L T P Q T O
C M B I Q Y X Y I E C O G U S D
L V I C I N A G R O G M C A I U
C Q M U B I C I Q I R U A Z T C
X K P L Q E X L F T O T M Y Z T
T H K T P K I F F A E N P I I I
S R S U C I T S U R X E R Q N O
I T A R O C R E T S E M D J A A
T M U A N I M E S I S G N L C T
N L W D L R O X R Y A U X A N V
A W V H I O P D N S U A Z P M F
L O H X Y U P O L L U T I O V X
P K W A O V M U L U B I T S E V
R N Z C E N V I R O N M E N T D
```

AGRICULTURA
MORBI
OECOLOGIA
VESTIBULUM
ENVIRONMENT
EXESA
STERCORAT
CIBUM
AUGMENTUM
ORGANIC

PLANTIS
POLLUTIO
PRODUCTIO
RUSTICUS
SCIENTIA
SEMINA
STUDIUM
RATIO
LEGUMINA
AQUA

78 - Hair Types

```
Q W D L Q W S L Z Z D C V J I P
S B J Y C I X Z G Z E R G M Z U
Y D K Q A I C I S R N I B Z V O
X S I N I C N I C I S U B L A
S I N E L W S Y I A Q P U I D N
I L N S I J O A S T U U C R Q L
C L Q M G V M R N Z E S Q N C H
C O M W F A H G B U C D K O C U
U M G S H W O W B M S I T R O T
M U R G I N C O L O R A T U M C
M T P K L J M X C R A S S U S G
D N M A W X M X T D N I I B C L
D E W A R V P Y K U H U V S E E
C G F L D I T L W C X N A A P F
F R C A L V U S V J G E L D A E
X A X G G C O F J Z C T F W X K
```

CALVUS
NIGRUM
FLAVIS
TORTIS
BROWN
COLORATUM
CINCINNIS
CRISPUS
SICCUM
GRAY

SANUS
DIU
CRUS
DENIQUE
ARGENTUM
LENIS
MOLLIS
CRASSUS
TENUIS
ALBUS

79 - Garden

```
K E H K R V N V G N B I E R F W
J X K S Y T C D C D Y Y P U T T
O R C H A R D A V E Q Q T T O G
W H A Z S S I T I V M P S R Y W
Z Y D Z Q U T L G G X M T U E B
J I G P N T E G E C X K T M F B
V O Z Q B R R O B R A Y X I J U
S D M A A O Z A G M P T Y E G S
C I I E N H X P M E G E S O H H
V I M V Z I H N L P F C T J H F
S A X A F A A E N E O U U B E G
F Q M U L U C R A S E L M O R X
S O L O O H A M M O C K I C B R
C N C U S G A R A G E B P N A W
U J V T C B B O S T W Q I A E D
K L E R K K N B Z X R Y J B E R
```

BANCO
BUSH
SEPEM
FLOS
GARAGE
HORTUS
HERBA
HAMMOCK
HOSE
ORCHARD

EGET
SARCULUM
SAXA
RUTRUM
SOLO
XYSTUM
TRAMPOLINE
ARBOR
VITIS
ZIZANIA

80 - Diplomacy

```
I  L  E  G  A  T  U  S  S  M  W  S  J  H  O  K
M  U  I  R  E  P  M  I  U  S  F  O  E  P  B  L
C  A  S  O  A  T  U  V  T  S  I  L  I  V  I  C
O  P  G  T  C  N  R  B  A  E  D  U  D  N  I  D
M  Q  N  C  I  C  O  J  T  D  H  T  J  L  B  C
M  V  W  U  T  T  C  P  C  G  X  I  G  M  S  Q
U  K  L  A  A  H  I  U  A  I  M  O  P  M  W  C
N  D  K  I  M  U  H  A  R  W  N  O  C  T  X  V
I  M  E  N  O  I  T  A  T  U  P  S  I  D  M  K
T  U  D  E  L  S  E  C  U  R  I  T  A  T  E  M
A  E  O  M  P  P  O  L  I  T  I  C  A  I  Y  X
S  F  M  A  I  I  N  T  E  G  R  I  T  A  T  E
T  F  Y  T  D  L  E  G  A  T  I  O  N  E  M  I
T  S  L  R  H  U  M  A  N  I  T  A  R  I  A  N
V  E  O  E  R  E  S  O  L  U  T  I  O  P  X  Q
I  D  H  C  C  O  O  P  E  R  A  T  I  O  D  S
```

AUCTOR	ETHICORUM
LEGATUS	IMPERIUM
CIVES	HUMANITARIAN
CIVILIS	INTEGRITATE
COMMUNITAS	IUSTITIA
CERTAMEN	POLITICA
COOPERATIO	RESOLUTIO
DIPLOMATICAE	SECURITATEM
DISPUTATIONEM	SOLUTIO
LEGATIONEM	TRACTATUS

81 - Countries #1

```
P T P A X D I M G B R A Z I L F
M K I L D B S R S E U T H K E G
N V T O H N E K A H R A O V B C
Z U A I N O L O P Q B M H D I E
K Y L T J V O T P Y G E A F F X
L N I E I R O T J W M N I N O T
V A A N O I I E K D N A L N I F
V J T E P L I B Y A B I A B V A
H A P V E L Q Q A P A S G G I D
D S E B I Z D J W T K R E T E G
E J A I N A M O R W O A N C T P
P A N A M A G S O Z Z H E A N E
A V V R K X G S N V Y E S N A I
P M A U R I T A N I A L T A M K
H I S P A N I A W F D K T D Z N
T K J Q N I C A R A G U A A V M
```

BRAZIL
CANADA
AEGYPTO
FINLAND
GERMANIA
IRAQ
ISRAHEL
ITALIA
LATVIA
LIBYA

MAURITANIA
NICARAGUA
NORWAY
PANAMA
POLONIA
ROMANIA
SENEGALIA
HISPANIA
VENETIOLA
VIETNAM

82 - Adjectives #1

```
M O D E R N H A O J R L D N M O
G I E U Y L G A A G K D K I B W
N R X S X E U Q Y F H H N B T C
M J A H P E S U M I X A M H A I
J A P V J U I N J M M J H E R D
H M U C I X L S E O N Q T X D E
T E L B T S A A A L U R Y O U M
E T C H R U R T M A O H Y T S P
N V H O O T E U S B B V J I U H
E P R N F Y B L J C I V E C T T
B K A L C Q I O Z G X T N N A A
R T Z N R N L S I T R A I M E Y
I I N G E N S B Z W X J K O B B
S I U N E T T A W V F K S V S S
A R O M A T I C U M G N F X I A
P R E T I O S U M J Q N O D C N
```

ABSOLUTA
AMBITIOSA
AROMATICUM
ARTIS
NIBH
PULCHRA
TENEBRIS
EXOTIC
LIBERALIS
BEATUS

GRAVIS
BENEVOLENS
AMET
INGENS
IDEM
MAXIMUS
MODERN
TARDUS
TENUIS
PRETIOSUM

83 - Rainforest

```
X W X I W W J M C M S A J R L B
C O M M U N I T A S A V T E K O
M N B R Y R C I K U L E R S M T
D I V E R S I T A S U S U T Q A
N O Y S S U K G I S T W N I M N
N A L N G C M W B H E M C T J I
H U T A O S C Q I W M O A U S C
O K B U Q U V R H M U O T T P A
H H N E R M B C P V I O I I E H
X K M L S A C Z M I G Y S O C W
C A E L I X T Q A L U O U N I S
K H W A C A Y C D V F Z I E E W
N U L L A M O W E S E N Q M S Q
Q U A N T U M A R S R P Q N J S
A B B J D T Z Z S X N L T V I N
Y C V E W A Z M U S O I T E R P
```

AMPHIBIA	NULLAM
AVES	MUSCUS
BOTANICA	NATURA
CAELI	REFUGIUM
NUBES	QUANTUM
COMMUNITAS	RESTITUTIONEM
DIVERSITAS	SPECIES
INSECTA	SALUTEM
TRUNCATIS	PRETIOSUM

84 - Global Warming

```
D G C S T A O K D O G I D A T A
I M P E R I U M L P E N L D R X
L D L N L A Q R S E N D A E E O
U I J O A O G I G R E U N C A S
P S P I D W C V N A R S O O V C
O C U T N G O A F M A T I N E G
P R Q A A R C T I C T R T S S U
Q I Z T L E G E S L I I A E T O
D M M U R U T U F L O A N Q I A
G E T M A Q M A U H N Q R U B M
V N Z U H J P G L Q E J E A U J
S C I E N T I S T I S C T T L F
S I O I P Q G S D J Q C N F U D
K H D S E Y C Q S U F U I I M R
T E M P E R A T U R I S A G S M
G L V S S N W F N U N C G M F B
```

ARCTIC	GENERATIONES
OPERAM	IMPERIUM
MUTATIONES	LOCA
CAELI	INDUSTRIA
DISCRIMEN	INTERNATIONAL
DATA	LEGES
CONSEQUAT	NUNC
ALIQUAM	POPULI
FUTURUM	SCIENTIST
VESTIBULUM	TEMPERATURIS

85 - Landscapes

```
D I N S U L A B D G L A O U Q P
N E M U L F O X E B N Q G V W E
C F S P A L U S C A R D N U T N
O M U E P S U V H P C F M P S I
N O C Z R E I C A L G H E M G N
V N A S E T I C E B E R G A G S
A T L I S D O R H C M I N R W U
L E Y U Y H N G M B U C R E Q L
L M D X E W A O S C N Z T C U A
I V V L G B C J O D A O A S I S
S X G A N U L X Y I E V R G O A
Y H G U W L O B F R C H E Y D O
N G U B V I V G R C O G I A J S
X J F W K C A T A R A C T A F T
O A C O E U I M L M Q H R T O H
N D H D B J J H U T C H I L L Z
```

BEACH

CAVE

DESERTO

GEYSER

GLACIER

HILL

ICEBERG

INSULA

LACUS

MONTEM

OASIS

OCEANUM

PENINSULA

FLUMEN

MARE

PALUS

TUNDRA

CONVALLIS

VOLCANO

CATARACTA

86 - Plants

```
C M R R U K H B O T A N I C A M
A U Z C O A O O B M A B U K T H
C S A Z R R R H E R B A V I T I
T C O C O O T E D N O R F W Z E
U U Q L D L U V D W D G K T Y B
S S Y O F F S N A E B F L V M U
L Z M S D X I D A R H A M I S C
D Y I T A V L I S U N R U L W X
T E I A H S U B G J A B Z D R C
C M U R O L A T E P F O J H X D
Y W G O I I C S D R Q R U A B Z
H M N C Y Y U G A M R V T M S A
T C I R S Q H E Y U D Y V X K J
X N T E J L Z T V I R E N T I A
J V O T W M J B S R J R Y I T U
G R L S L V D J J R T J Q R Z D
```

BAMBOO
BEAN
BERRY
BOTANICAM
BUSH
CACTUS
STERCORAT
FLORA
FLOS
FRONDE

SILVA
HORTUS
HERBA
HEDERA
MUSCUS
PETALORUM
RADIX
CAULIS
ARBOR
VIRENTIA

87 - Boxing

```
T O S R C S U I R A S R E V D A
F B U E T R A F E N N Y D R J N
P C C C N S A T F R R N A D G K
U A O U L U B L E C U B I T U S
G E F P H P F S R C L R P E U U
N S X E Y R P P E A C O F U N S
A T B R E O U U N L R Z C P W S
T U M A Y C G N D C R G V H U A
O S J T L D L C A I P K I O N L
R L S I X T O R T P U P C T N N
Y K L O X L L A I R I A G B R W
R W M E N T U M U A E Y T N X J
I H A S B J G L S R O X K O O C
C S Z A H E N F O E E Z Y O L M
F D E M N S A I R U I N I S E F
F O R T I T U D O P I Y W C V P
```

BELL
CORPUS
MENTUM
ANGULO
CUBITUS
LASSUS
PUGNATOR
PUGNO
FOCUS
CAESTUS

INIURIAS
CALCITRARE
ADVERSARIUS
PUNCTA
VELOX
RECUPERATIO
REFERENDARIUS
FUNES
ARTE
FORTITUDO

88 - Countries #2

```
W Z F N D P C L G T M K T Z I G
M J S F M K A I C E A R G L M U
V A Y Q U P V B I E U Q E C S H
T P R T G A A A I N A B L A O L
N A I E H P K N Y L B G I I M A
E N A Q Z N C U A N I X R P A O
P A H L T Y I S C J E W L O L S
A I R E B I L G M G K K E I I C
L U C R A I N A E E D A P H A B
X E L F F J N W J R X J M T I W
H A I T I A O L A U I I G E N P
X N V X U T Z U M P R A C A A A
R U S S I A D N A G U K H O D D
G V U L S X P H I O D Y I C U Q
Y X A I C X R I C M Q L V M S F
L G J B P L B E A I N A D L V Z
```

ALBANIA   LIBERIA
DANIAE   MEXICO
AETHIOPIA   NEPAL
GRAECIA   NIGERIA
HAITIA   RUSSIA
JAMAICA   SOMALIA
JAPAN   SUDANIA
KENYA   SYRIA
LAOS   UGANDA
LIBANUS   UCRAINA

89 - Ecology

```
T Y C Q N A C A E L I C M V D P
P O Q J U V N G T X V W O O J Y
C B S I L A R U T A N C N L O H
Z P S T L F L O R A U O T U H W
V U A C A R U T A N R M E N A O
W I T L M E T U L A S M S T B C
A Z I E U Z P E N M I U R A I H
J T S E P D C M B X T N E R T C
O Y R R A S E P O Z N I T I A T
D J E Q K P N M K U A T A I T H
H C V B Q E I G Y M L A T S B E
F O I P S C R M K I P T I H Q U
M Y D Z O I A X W M Y E C W U Q
B G W N V E M L X M B S C J N L
F C C P B S V I R E N T I A Q W
V A R I E T A T E B R W S O T D
```

CAELI
COMMUNITATES
DIVERSITAS
SICCITATE
FLORA
HABITAT
MARINE
PALUDEM
MONTES
NATURALIS

NATURA
PLANTIS
OPES
SPECIES
SALUTEM
NULLAM
VARIETATE
VIRENTIA
VOLUNTARIIS

90 - Adjectives #2

```
S N R X X D M U V O N G I D R O
A R E F U E L A T R F M A G Y N
N B P C M S U B R E P U S A T U
U Z Q A S C L B X E Q C L M O R
S S I L A R U T A N V C A E N V
M I R I S I N O B I L I S T I R
F X X D E P B J D B V S U G C X
V O I U T T T L F O F Z T L D X
W R R M N I C G E N M B A D Z R
J N T T E V Y Q M B I M N Z X U
E F A N I E V H K K U Y O E R I
I D E S R S N A G E L E D C Z C
V U R M U F R U C T U O S A T O
V E C O S U T N E L O N M O S N
X N W C E V A U C H I F N I V B
L V V Z Q R E U M V U U H N O I
```

VERAM
CREATRIX
DESCRIPTIVE
SICCUM
ELEGANS
NOBILIS
DONATUS
SANUS
CALIDUM
ESURIENTES

COMMODO
NATURALIS
NOVUM
FRUCTUOSA
SUPERBUS
AMET
SALSA
SOMNOLENTUS
FORTIS
FERA

91 - Psychology

```
C D X X I J P Z P A I N M O S P
W E Q C X P Y J C F F P B I U E
M R R D C G B D R F J U J T B R
A O O T S U J N C E R E J I C C
R R R X A H M F R C T R N N O E
U R U I E M D M W T E I L G N P
T V B O B T E C S U F T E O S T
I V R Y F U R N D S L I Z C C I
R U G H V J S F Z T P A A X I O
E Q M L S E N O I T A T I G O C
P G D L O O L D S E N S U M U G
X M O A P P O I N T M E N T S K
E M E M O R I A Y I P D P P D D
Q F N B Y J Y Q U A E S T I O U
T A X A T I O N E M T E S I Q M
N W M C O N S C I E N T I A M Q
```

APPOINTMENT
TAXATIONEM
MORIBUS
PUERITIA
FUSCE
COGNITIO
CERTAMEN
SOMNIA
EGO
AFFECTUS

EXPERITUR
MEMORIA
PERCEPTIO
QUAESTIO
RE
SENSUM
SUBCONSCIOUS
JUSTO
COGITATIONES
CONSCIENTIAM

92 - Math

```
F  S  U  I  D  A  R  T  A  J  T  F  J  W  V  S
L  R  U  E  I  D  R  F  R  P  L  L  V  T  Q  E
A  F  A  M  U  L  U  G  N  A  T  C  E  R  R  L
R  Z  F  C  M  P  A  R  A  L  L  E  L  A  F  A
I  M  Q  L  T  A  Z  Q  U  A  D  R  A  T  U  M
T  H  K  X  S  I  T  I  D  E  A  R  P  L  G  I
H  Y  G  J  N  R  O  G  H  D  O  F  Z  M  R  C
M  A  I  D  U  T  Z  Q  P  M  I  Q  M  F  A  E
E  U  G  G  R  E  B  Y  R  Z  L  V  O  U  D  D
T  P  E  R  I  M  E  T  E  R  U  S  I  N  U  E
I  J  P  X  R  O  Z  Y  K  V  G  J  T  S  S  Q
C  R  W  J  E  E  J  Y  U  J  N  I  A  J  I  M
A  G  K  G  M  G  I  S  Q  V  A  J  U  Z  O  O
G  W  W  M  U  N  O  G  Y  L  O  P  Q  H  V  U
Z  S  B  T  N  E  N  O  P  X  E  K  E  Q  C  P
T  S  T  R  I  A  N  G  U  L  U  M  A  K  Q  M
```

ANGULI	NUMERI
ARITHMETICA	PARALLELA
DECIMALES	PERIMETER
GRADUS	POLYGONUM
DIAM	RADIUS
DIVISIO	RECTANGULUM
AEQUATIO	QUADRATUM
EXPONENT	SUMMA
FRACTIO	PRAEDITIS
GEOMETRIA	TRIANGULUM

93 - Water

```
C G E P X R C A N A L I S D L H
J S E V L W B C U H N I S I A U
H H D K A U L E G U H M Q L C M
I B I T X P V L X M Z B I U U I
G E Y S E R O I Z I A E R V S D
O C E A N U M R A D D R R I U I
M E T E S I A I A O C A I U T T
V A P O R K N E P T X I G M C A
I N F R M O O I C W I G A U U S
F H T Y W P A Z T S N O T E L Y
S V M M O F C S T I E E I D F B
Y J Q K T V W C H C M C O P Q W
P R O C E L L A E E U I N V J L
D C O W C Y A Q X F L W E S Y M
N P J M M A C F N J F N S R L U
I I V N U C O O Y D R K V A J A
```

CANALIS	LACUS
HUMIDO	UMOR
EVAPORATIO	ETESIA
DILUVIUM	OCEANUM
GELU	PLUVIA
GEYSER	FLUMEN
HUMIDITAS	IMBER
PROCELLAE	NIX
ICE	VAPOR
IRRIGATIONES	FLUCTUS

94 - Activities

```
L N X U P L H V S U T U R A G F
L E X E D W U O E E M J N R K D
G I C Y G Y Z L T Z S S M U M A
X A R T S A C U R L C I A T E C
D P D G I P V P A E Y D H C S R
C N B L E O I T C A T O A I W O
W X J U P S G A I G A M R P P E
C S X D U P R T D G U M T K H F
E F A O C Y F E P N Q O E Z I Q
B W Z S K Q J M I I E C T S H D
V E N A T I O N E N S M W A L H
K N I T T I N G U E N C P H W W
O T I U M Q N Z W D O Z A T I J
J C P C Y X N C D R C T G N N I
E S J H N F B G H A L D S B D C
P A Q B B Z S E M G A E A S Y I
```

ACTIO	KNITTING
ES	OTIUM
CASTRA	MAGIA
ARTES	PICTURA
PISCANDI	CONSEQUAT
LUDOS	VOLUPTATEM
GARDENING	LECTIO
VENATIONE	SUTURA
COMMODIS	ARTE

95 - Business

```
P M E R P M Z R A M H V G M D S
A B B X C E L A S P S C Q O I U
R : Z G Y R O T C A F E M L G M
D O P O N C B U D G E T X E N P
O C T A Y E R E D I T U S S I T
L I A A R S D W O E Y E R T S U
O D R K R C Q Z T F A H F I S S
R K E D N U U K M T F Z U E I H
E C D X A J C S A M G I E U M T
E Y B R T H M O N E T Æ C U P H
D I S C O U N T R F R W N I Q P
P E C U N I A X E P Q C A G U Z
T R I B U T A O B F C C N U A M
J X U R B E M K A W I Y I J C H
Z I G D K S M E T A A E F F B K
L L L F C U R R I C U L O R S R
```

BUDGET
CURRICULO
DOLOR
SUMPTUS
MONETÆ
DISCOUNT
PARCUS
MOLESTIE
DICO:
FACTORY

FINANCE
REDITUS
DIGNISSIM
PROCURATOR
MERCES
PECUNIA
OFFICIUM
SALE
TABERNAM
TRIBUTA

96 - Literature

```
J  Z  Y  G  X  A  I  D  E  O  G  A  R  T  K  A
D  E  S  C  R  I  P  T  I  O  N  R  R  Y  G  R
I  B  V  G  U  T  I  C  T  C  R  S  W  C  K  G
S  T  Y  L  E  N  A  O  E  O  O  E  Y  O  X  U
S  P  M  E  V  E  U  N  Z  N  T  K  M  R  K  M
K  C  M  N  O  T  C  C  Y  C  C  P  B  U  S  E
P  M  S  O  N  N  I  L  A  O  U  N  X  M  N  N
O  B  U  I  H  E  K  U  R  R  A  C  I  F  W  T
E  Q  G  T  M  S  V  S  O  D  J  V  Z  I  H  U
T  A  O  A  N  I  A  I  H  A  Q  C  J  C  H  M
I  G  L  R  P  S  L  O  P  R  A  A  T  W  N
C  B  A  A  C  Y  L  I  A  E  L  R  N  A  E  H
A  V  I  P  O  L  E  U  T  M  N  M  V  I  T  A
H  T  D  M  B  A  B  H  E  U  J  E  Q  P  W  B
N  M  G  O  J  N  A  I  M  A  D  N  E  Y  P  Y
L  E  X  C  C  A  F  J  Z  F  P  O  M  S  S  U
```

SIMILITUDO	METAPHORA
ANALYSIS	NOVE
FABELLA	SENTENTIA
AUCTOR	CARMEN
VITA	POETICA
COMPARATIONE	CONCORDARE
CONCLUSIO	NUMERO
DESCRIPTION	STYLE
DIALOGUS	ARGUMENTUM
FICTA	TRAGOEDIA

97 - Geography

```
H L C A L G S S M D F U Y T B W
Y G F L U M E N H O T R R C K C
V C U U L E A E A M N P H X K O
T C V S L I F N S L C T Y P S C
E I F N Z D S I A T T Q E G U W
R V H I A I R T A P H I K M N M
R K Z F E R S N O E C T T U A G
I J S E G E Y O N O R T H U I O
T U E D D M Y C F T W E S T D R
O R M R E G I O N E L R Y V I O
R B A Y U O D U T I T A L I R M
I E P A T L A S O Q H M L V E U
O M H E M I S P H A E R I O M N
F M B Q M B O C E A N U M T Q D
U K I J N Z C U I Y C U X Y D I
C L P N G Z L J N Y K X P N G S
```

ALTITUDO   MONTEM
ATLAS   NORTH
URBEM   OCEANUM
CONTINENS   REGIONE
PATRIA   FLUMEN
HEMISPHAERIO   MARE
INSULA   MERIDIEM
LATITUDO   TERRITORIO
MAP   WEST
MERIDIANUS   MUNDI

98 - Jazz

```
S  N  V  I  I  B  P  Q  W  R  A  L  N  K  H  L
M  U  V  O  N  I  N  O  B  I  L  I  S  N  K  L
U  M  S  A  Z  M  U  C  I  T  N  A  C  J  J  X
T  E  T  R  G  P  C  O  M  P  O  S  I  T  O  R
N  R  Y  S  A  R  T  S  E  H  C  R  O  C  T  V
E  O  L  Z  U  O  F  I  U  N  D  K  G  A  Y  N
L  O  E  E  Y  V  I  O  Y  C  F  I  K  F  M  B
A  B  F  T  X  I  V  T  Q  R  O  N  T  T  P  U
T  X  C  Y  X  S  E  T  I  R  O  V  A  F  A  X
G  K  B  B  A  A  N  J  S  S  U  T  E  V  N  M
E  E  M  X  Z  T  R  E  C  N  O  C  F  W  A  U
H  H  N  F  S  I  B  A  A  Q  Q  P  F  N  H  S
G  E  T  U  J  O  A  L  B  U  M  I  M  I  Z  I
R  C  P  J  S  N  A  R  T  I  F  E  X  O  T  C
M  U  S  I  C  O  R  U  M  B  E  W  Y  H  C  A
L  Y  R  M  U  K  V  K  D  L  Y  X  T  Y  Y  M
```

ALBUM	MUSICA
ARTIFEX	MUSICORUM
COMPOSITOR	NOVUM
COMPOSITIO	VETUS
CONCERT	ORCHESTRA
TYMPANA	NUMERO
NOBILIS	CANTICUM
FAVORITES	STYLE
GENUS	TALENTUM
IMPROVISATION	ARS

99 - Nature

```
L V L E K C N V I X V P M E C Q
V E U Y K J U S S N L U G J A J
Z S I T S P B H B M I L L Z L R
I O C W Z N E M U L F C R A I N
M V Y D P F S E P U R H S N G S
G M Y N P A C I S Q H R E I O X
S A N C T U A R I U M I R M C H
Z L Q I G L A C I E R T E A H F
Y W A T I P I C S U S U N L L O
S W N C Q A I U E E U D A I U L
L G D R I N L F N H B O D A P H
T Q T A R P E D N O R F P N U N
D E S E R T O X M B E D H P D S
H T E M Z L A R E F B O M I C D
C D P J H K H W T S S I L V A K
E C A R X Y Z S I L A T I V T W
```

ANIMALIA	FRONDE
ARCTIC	SILVA
PULCHRITUDO	GLACIER
APES	PACIS
RUPES	FLUMEN
NUBES	SANCTUARIUM
DESERTO	SERENA
SUSCIPIT	TROPICAL
EXESA	VITALIS
CALIGO	FERA

100 - Vacation #2

```
T  M  J  B  I  A  M  C  O  M  I  T  A  T  U  M
X  U  A  D  T  L  Y  O  L  C  M  I  I  K  Y  X
Y  I  J  P  E  I  L  V  N  A  V  L  E  T  O  H
V  T  H  T  R  E  B  L  I  T  D  E  Y  E  D  J
E  O  A  U  A  N  L  C  N  H  E  R  A  M  N  M
Z  R  E  H  C  A  E  B  S  S  I  S  E  A  T  D
C  A  S  T  R  A  R  T  U  B  H  A  E  H  V  Z
X  K  U  B  A  C  R  V  L  M  H  I  Q  E  K  K
G  Q  H  H  H  Y  V  X  A  M  H  R  L  X  K  Q
E  X  P  X  N  Z  G  F  C  P  N  E  Q  M  L  B
G  Z  A  X  H  Z  H  W  K  M  L  F  V  I  S  A
Z  H  R  B  J  S  U  N  I  R  G  E  R  E  P  K
E  T  G  E  M  U  L  U  C  A  N  R  E  B  A  T
Z  A  N  M  M  W  J  L  D  A  Q  B  F  G  C  L
B  X  I  T  G  W  S  L  N  K  J  X  S  X  V  N
U  I  S  H  D  F  Z  A  H  O  T  Q  Z  W  F  Q
```

ELIT	MAP
BEACH	MONTES
CASTRA	SINGRAPHUS
ALIENA	AMET
PEREGRINUS	MARE
FERIAS	TAXI
HOTEL	TABERNACULUM
INSULA	COMITATU
ITER	NULLA
OTIUM	VISA

1 - Antiques

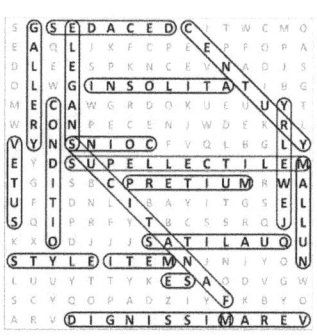

2 - Food #1

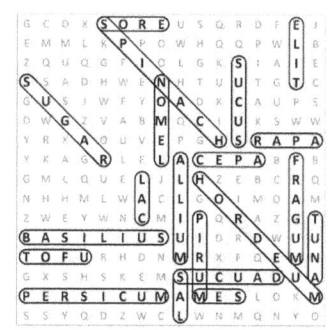

3 - Measurements

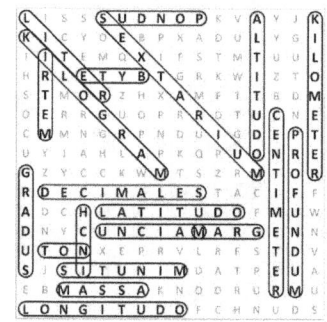

4 - Farm #2

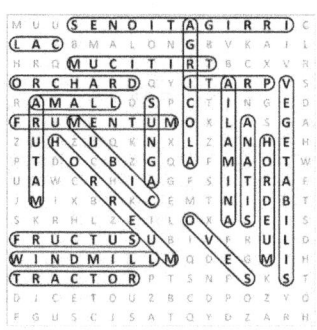

5 - Books

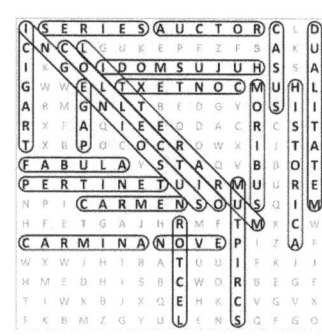

6 - Meditation

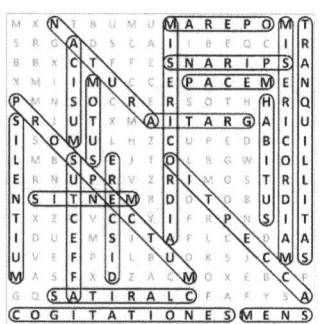

7 - Days and Months

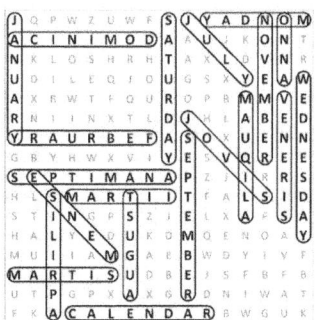

8 - Energy

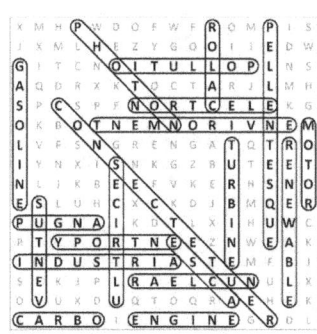

9 - Chess

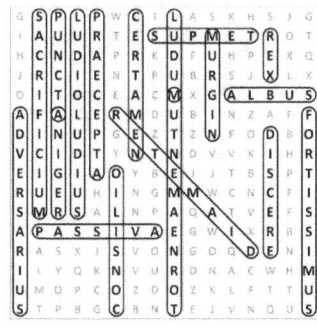

10 - Archeology

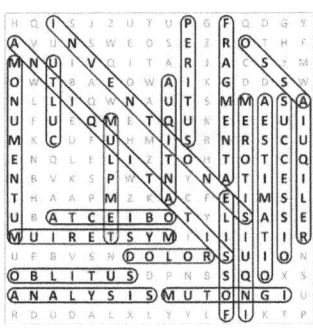

11 - Food #2

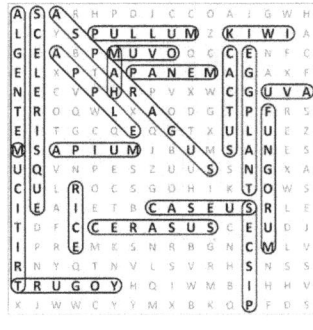

12 - Chemistry

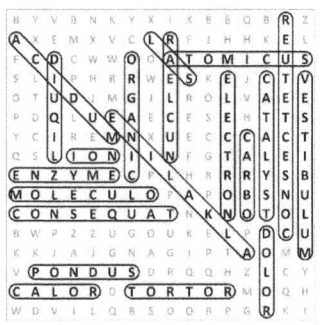

13 - Music

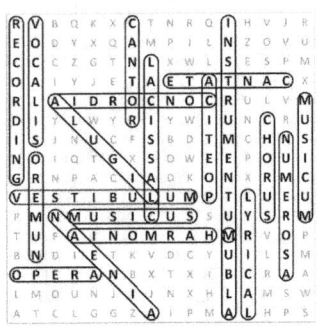

14 - Family

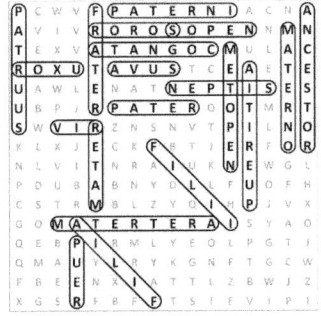

15 - Farm #1

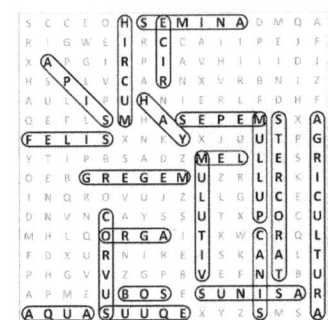

16 - Camping

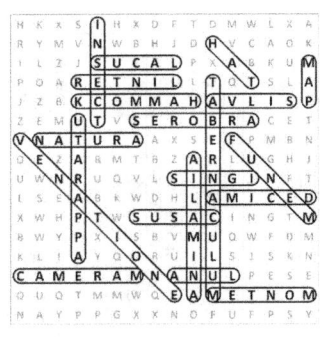

17 - Conservation

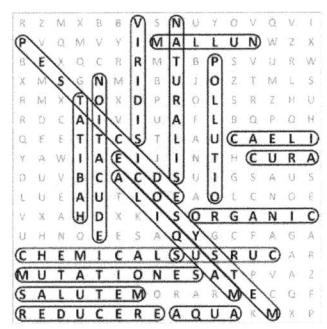

18 - Algebra

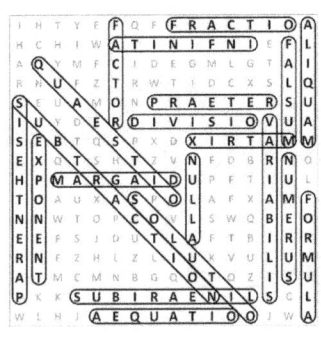

19 - Numbers

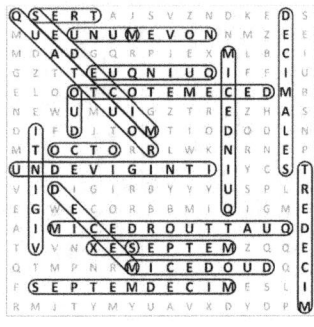

20 - Spices

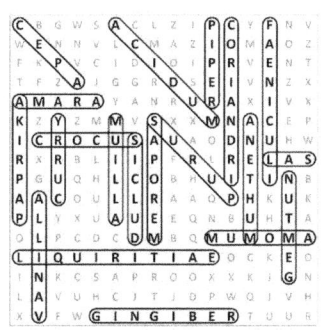

21 - Universe

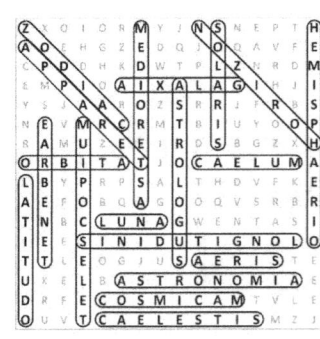

22 - Mammals

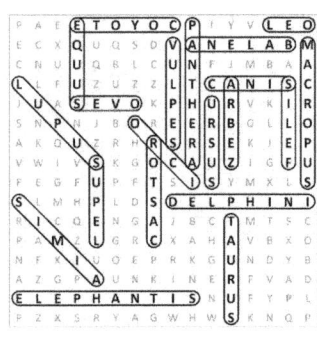

23 - Fishing

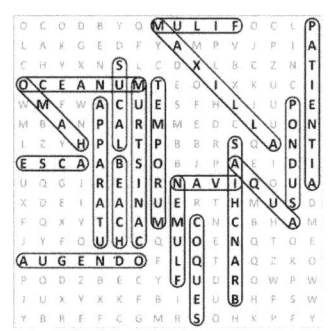

24 - Bees

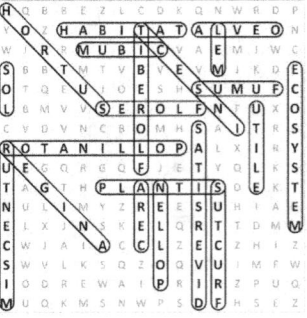

25 - Weather

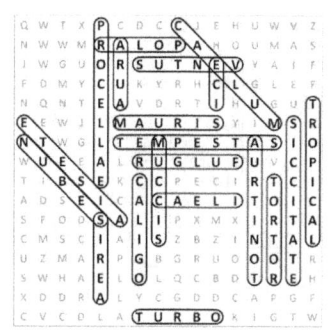

26 - Adventure

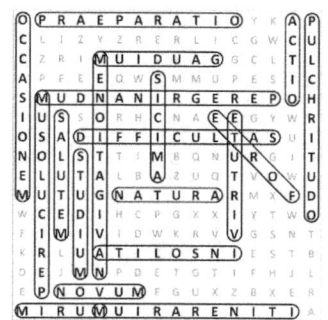

27 - Sport

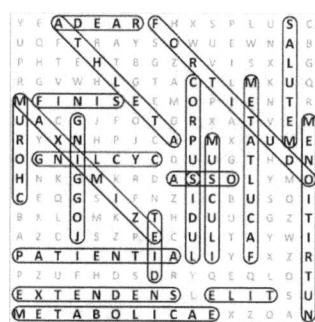

28 - Geology

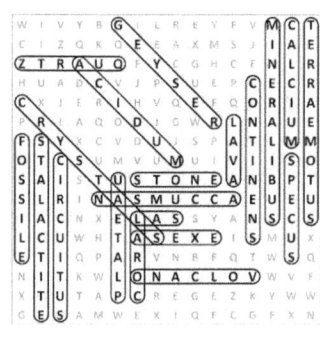

29 - House

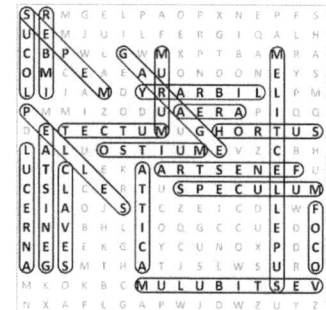

30 - Physics

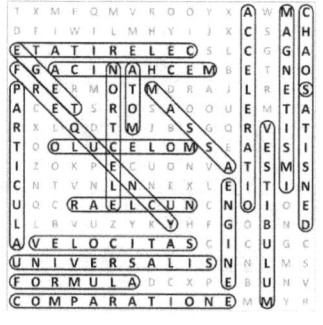

31 - Dance

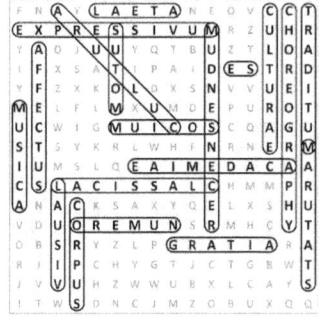

32 - Shapes

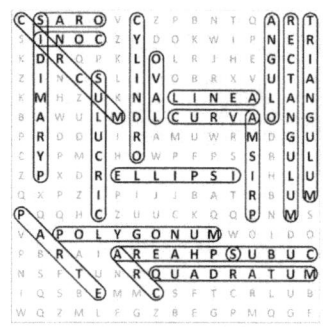

33 - Scientific Disciplines

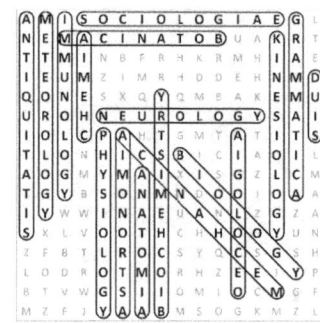

34 - Science

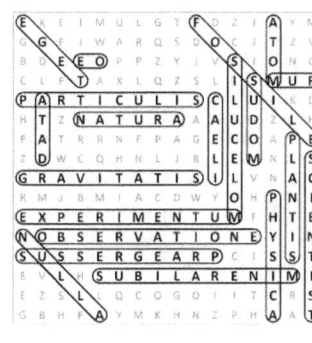

35 - Beauty

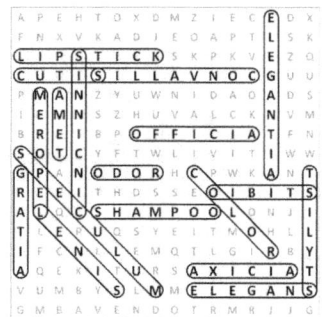

36 - Clothes

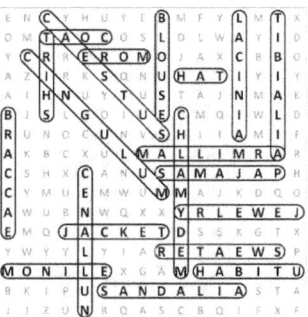

37 - Ethics

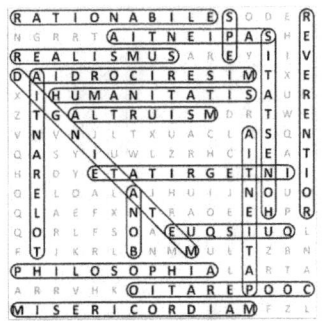

38 - Insects

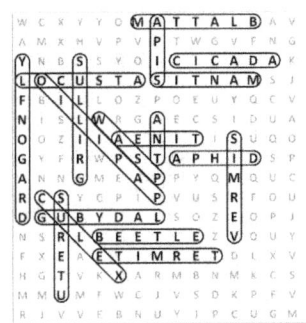

39 - Astronomy

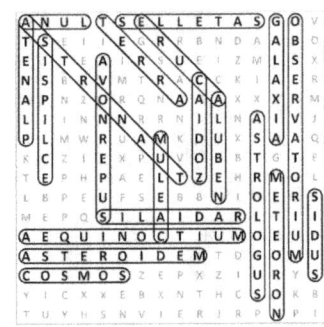

40 - Health and Wellness #2

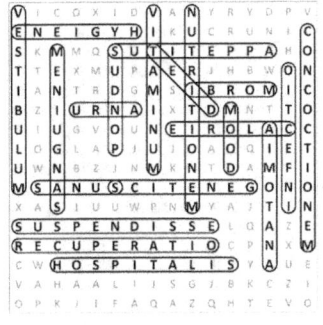

41 - Disease

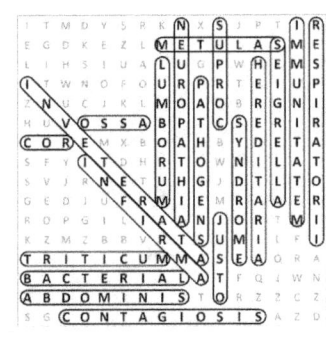

42 - Time

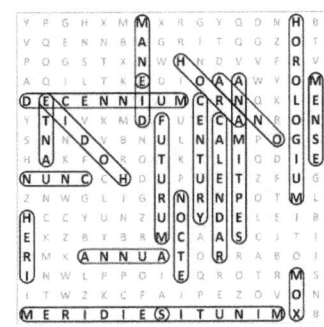

43 - Buildings

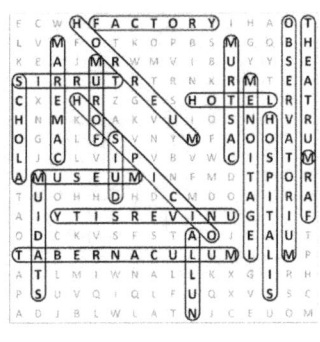

44 - Philanthropy

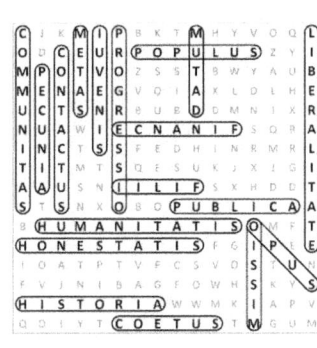

45 - Gardening

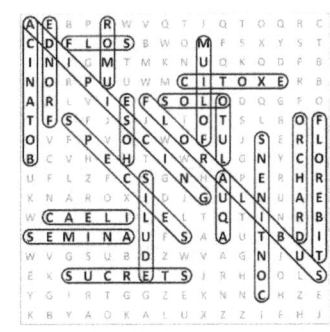

46 - Herbalism

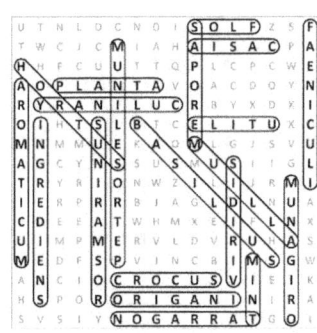

47 - Vehicles

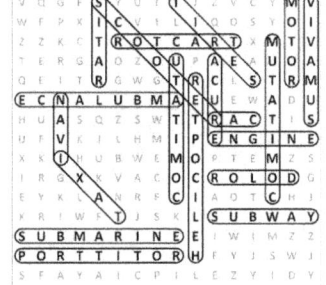

48 - Flowers

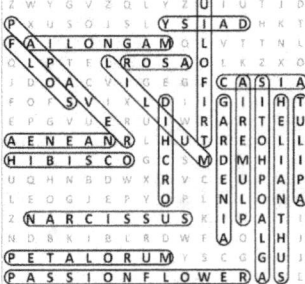

49 - Health and Wellness #1

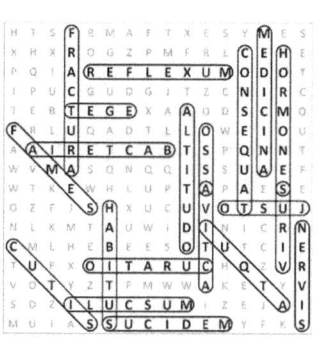

50 - Town

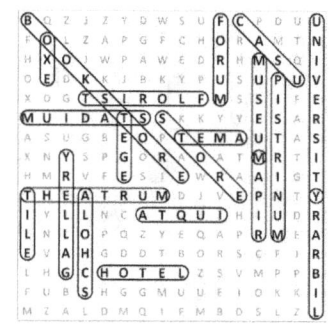

51 - Antarctica

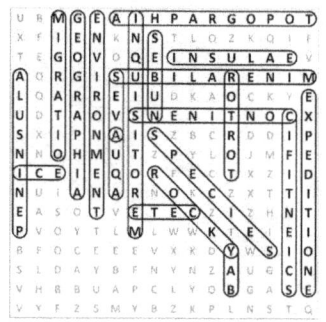

52 - Ballet

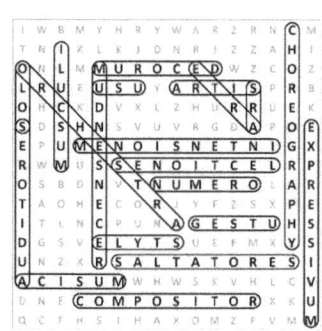

53 - Human Body

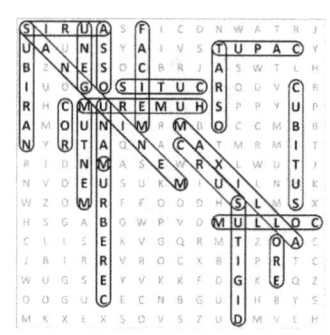

54 - Musical Instruments

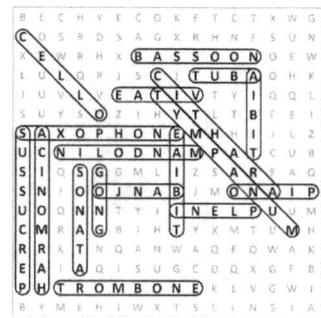

55 - Fruit

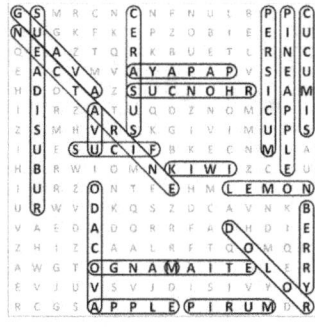

56 - Engineering

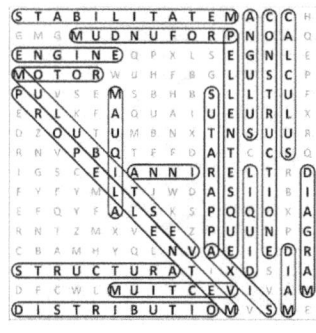

57 - Government

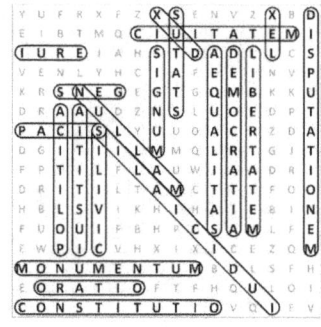

58 - Art Supplies

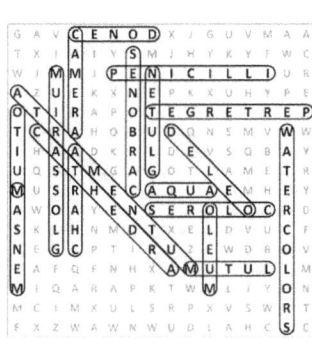

59 - Science Fiction

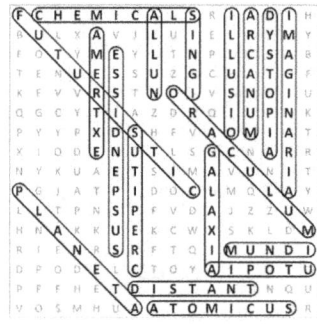

60 - Geometry

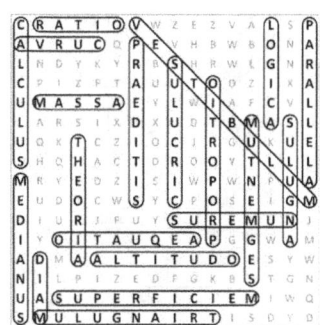

61 - Creativity

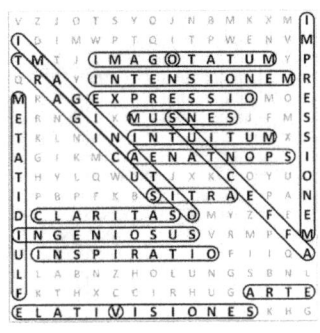

62 - Airplanes

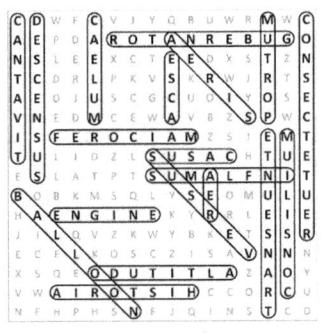

63 - Ocean

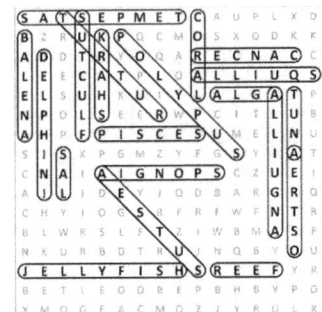

64 - Force and Gravity

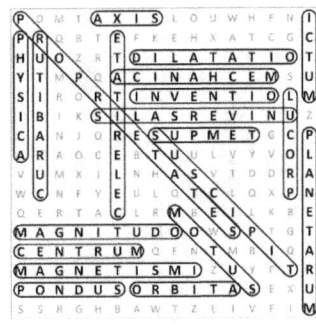

65 - Birds

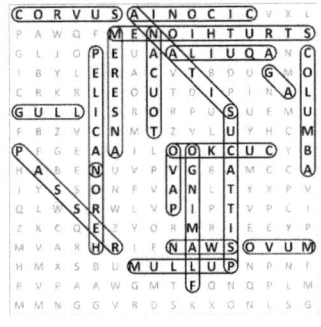

66 - Nutrition

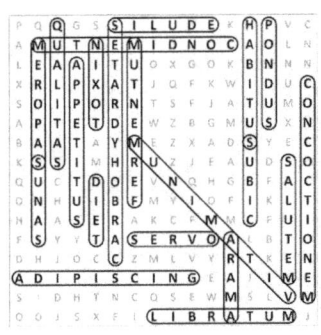

67 - Hiking

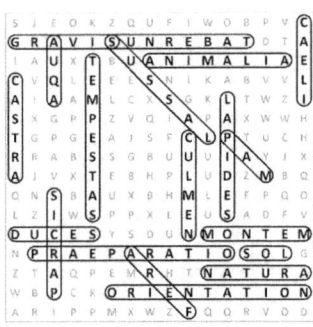

68 - Professions #1

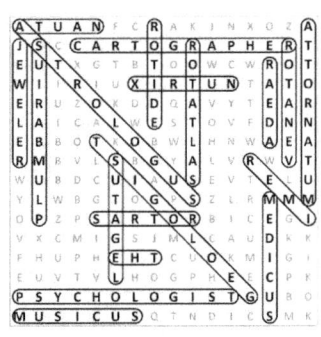

69 - Barbecues

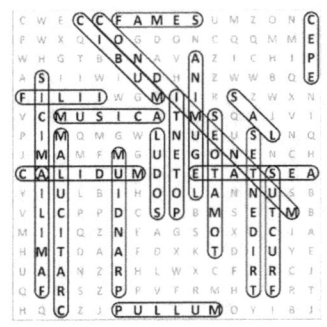

70 - Vegetables

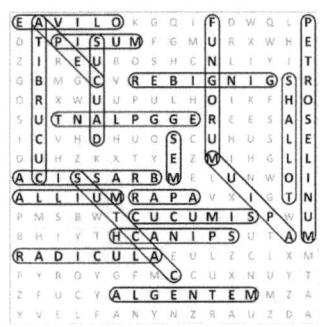

71 - Boats

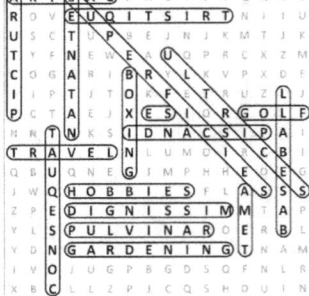

72 - Activities and Leisure

73 - Driving

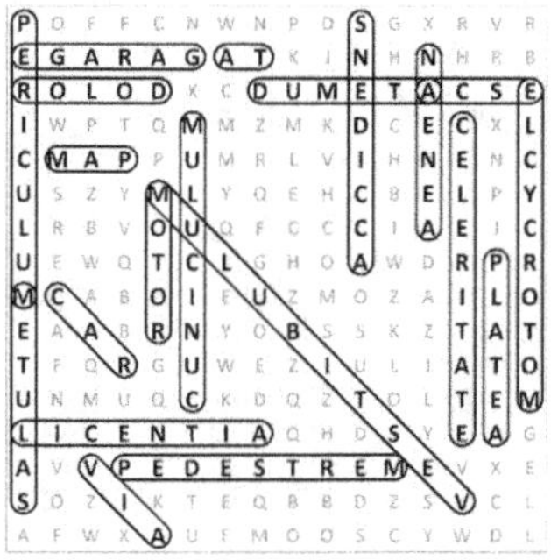

74 - Biology

75 - Professions #2

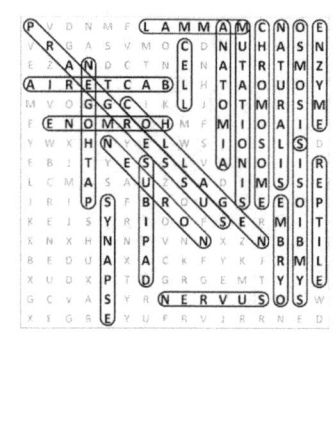
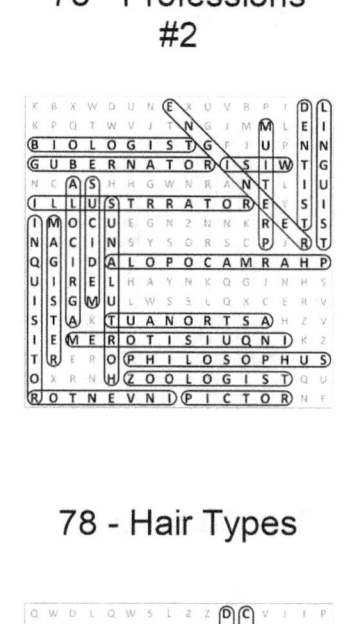

76 - Mythology

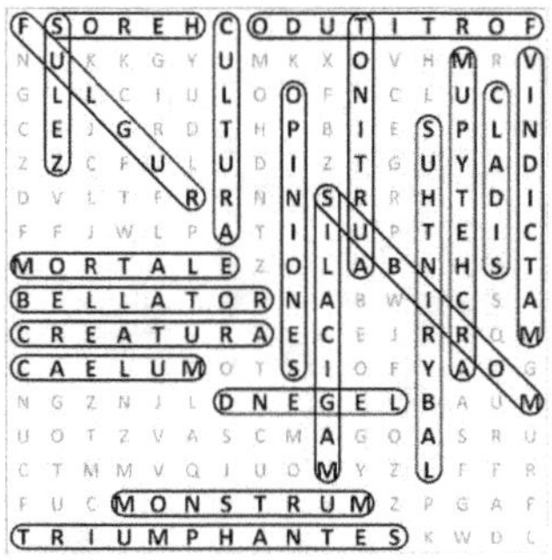

77 - Agronomy

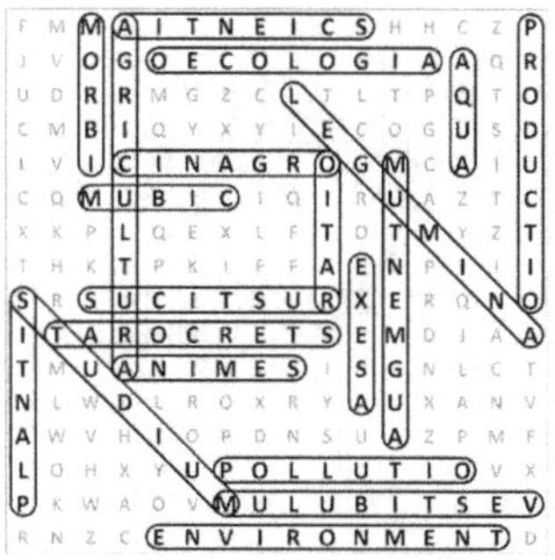

78 - Hair Types

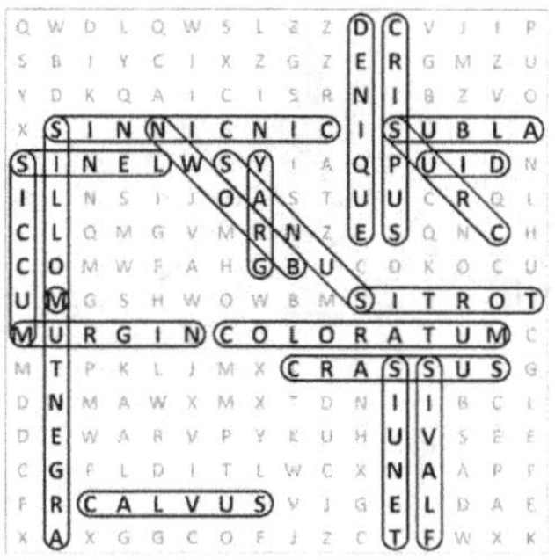

79 - Garden

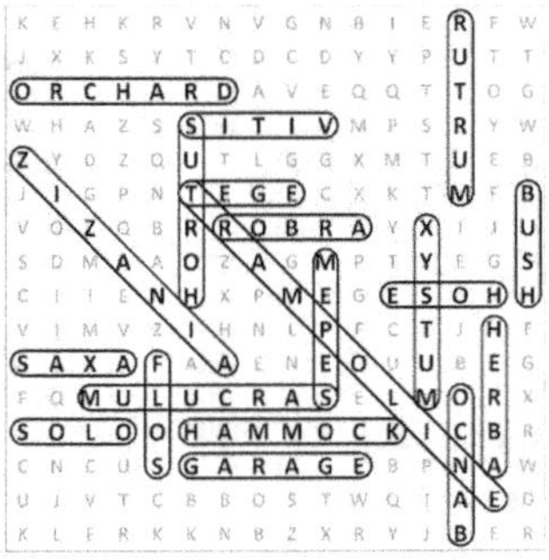

80 - Diplomacy

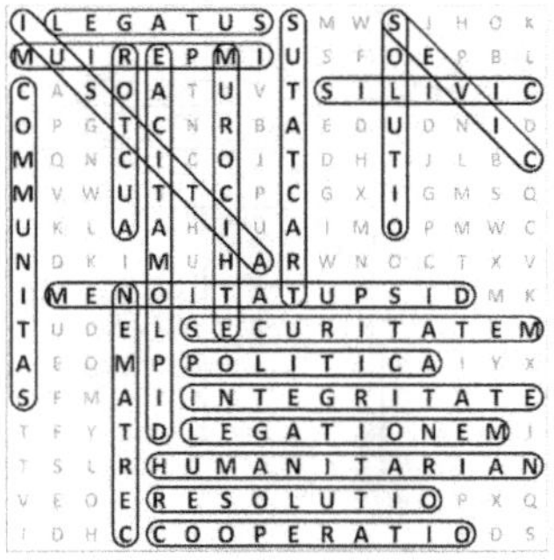

81 - Countries #1

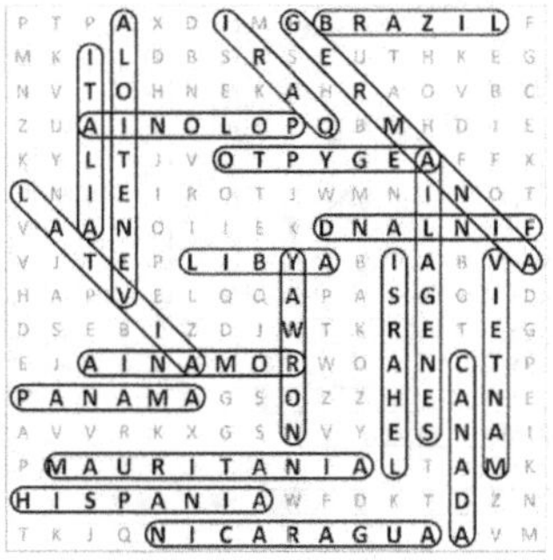

82 - Adjectives #1

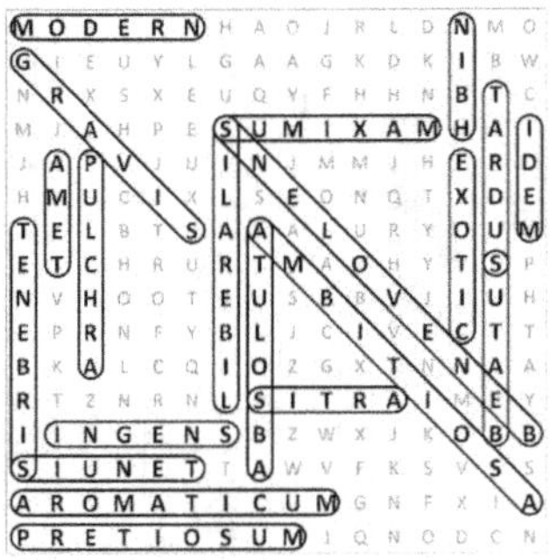

83 - Rainforest

84 - Global Warming

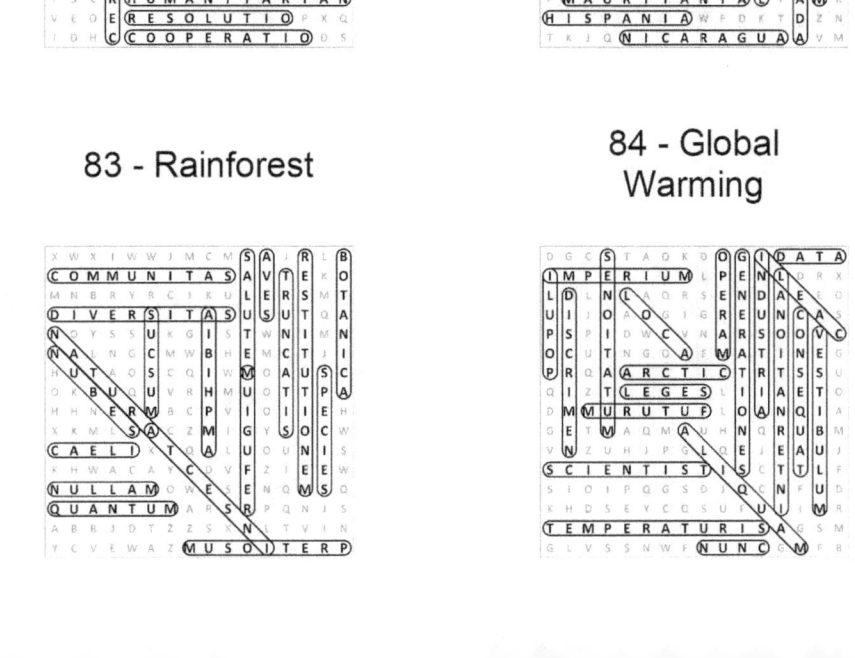

85 - Landscapes

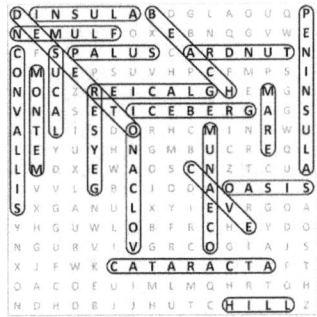

86 - Plants

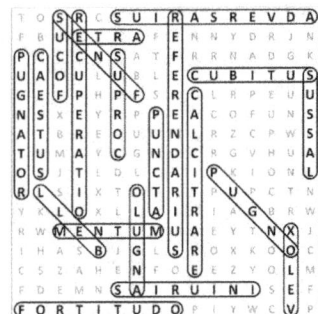

87 - Boxing

88 - Countries #2

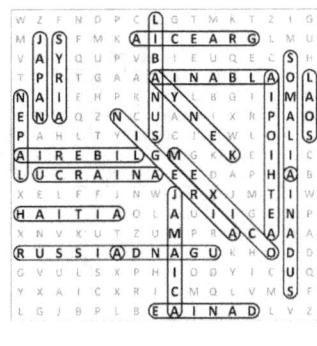

89 - Ecology

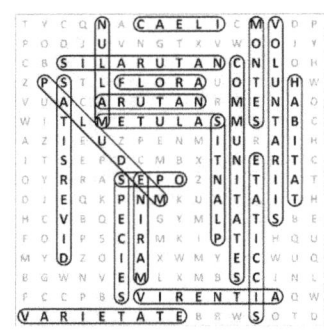

90 - Adjectives #2

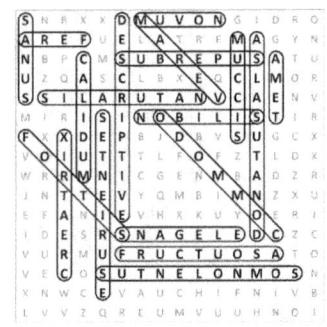

91 - Psychology

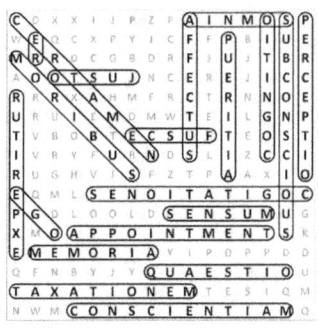

92 - Math

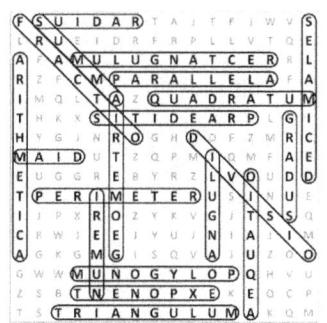

93 - Water

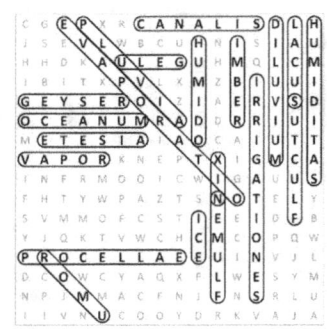

94 - Activities

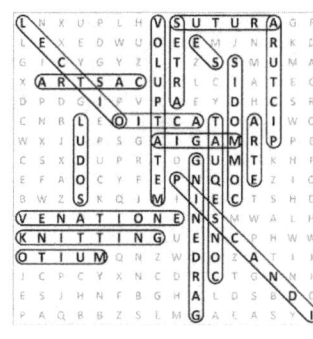

95 - Business

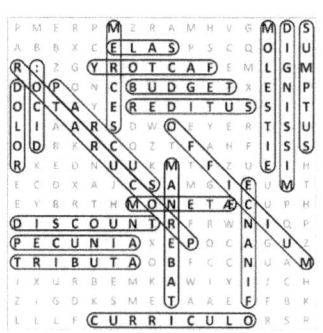

96 - Literature

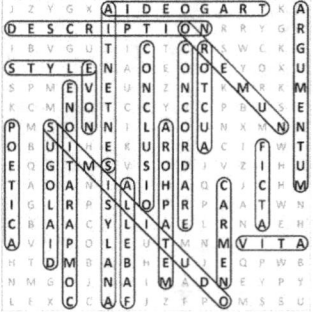

97 - Geography

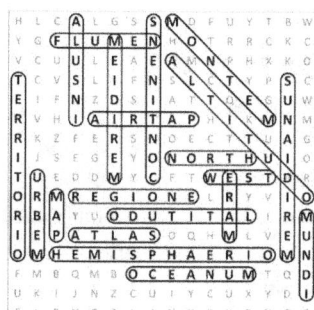

98 - Jazz

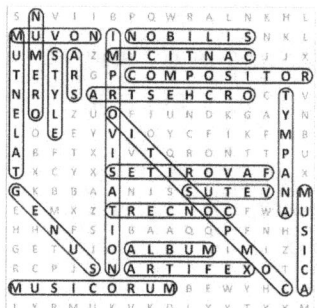

99 - Nature

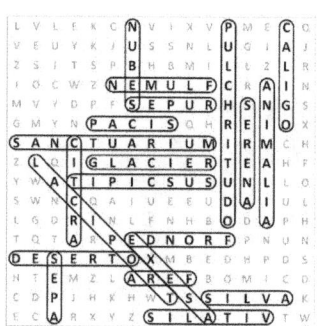

100 - Vacation #2

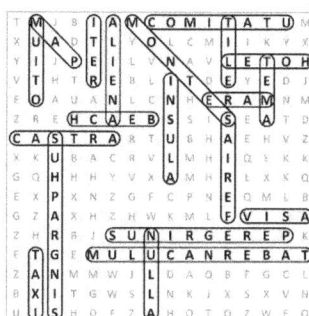

Dictionary

Activities
Operationes

Activity	Actio
Art	Es
Camping	Castra
Crafts	Artes
Fishing	Piscandi
Games	Ludos
Gardening	Gardening
Hunting	Venatione
Interests	Commodis
Knitting	Knitting
Leisure	Otium
Magic	Magia
Painting	Pictura
Photography	Consequat
Pleasure	Voluptatem
Reading	Lectio
Sewing	Sutura
Skill	Arte

Activities and Leisure
Operationes et Otium

Art	Es
Baseball	Baseball
Basketball	Ultrices
Boxing	Boxing
Camping	Castra
Diving	Consequat
Fishing	Piscandi
Gardening	Gardening
Golf	Golf
Hobbies	Hobbies
Painting	Pictura
Relaxing	Amet
Soccer	Dignissim
Surfing	Superficies
Swimming	Natantes
Tennis	Tristique
Travel	Travel
Volleyball	Pulvinar

Adjectives #1
Adiectiva #1

Absolute	Absoluta
Ambitious	Ambitiosa
Aromatic	Aromaticum
Artistic	Artis
Attractive	Nibh
Beautiful	Pulchra
Dark	Tenebris
Exotic	Exotic
Generous	Liberalis
Happy	Beatus
Heavy	Gravis
Helpful	Benevolens
Honest	Amet
Huge	Ingens
Identical	Idem
Important	Maximus
Modern	Modern
Slow	Tardus
Thin	Tenuis
Valuable	Pretiosum

Adjectives #2
Adiectiva #2

Authentic	Veram
Creative	Creatrix
Descriptive	Descriptive
Dry	Siccum
Elegant	Elegans
Famous	Nobilis
Gifted	Donatus
Healthy	Sanus
Hot	Calidum
Hungry	Esurientes
Interesting	Commodo
Natural	Naturalis
New	Novum
Productive	Fructuosa
Proud	Superbus
Responsible	Amet
Salty	Salsa
Sleepy	Somnolentus
Strong	Fortis
Wild	Fera

Adventure
Casus

Activity	Actio
Beauty	Pulchritudo
Bravery	Virtute
Chance	Forte
Dangerous	Periculosum
Difficulty	Difficultas
Enthusiasm	Studium
Excursion	Peregrinandum
Friends	Amicis
Itinerary	Itinerarium
Joy	Gaudium
Nature	Natura
Navigation	Navigationem
New	Novum
Opportunity	Occasionem
Preparation	Praeparatio
Safety	Salutem
Surprising	Mirum
Unusual	Insolita

Agronomy
Agronomy

Agriculture	Agricultura
Diseases	Morbi
Ecology	Oecologia
Energy	Vestibulum
Environment	Environment
Erosion	Exesa
Fertilizer	Stercorat
Food	Cibum
Growth	Augmentum
Organic	Organic
Plants	Plantis
Pollution	Pollutio
Production	Productio
Rural	Rusticus
Science	Scientia
Seeds	Semina
Study	Studium
Systems	Ratio
Vegetables	Legumina
Water	Aqua

Airplanes
Airplanes

Adventure	Casus
Air	Aer
Atmosphere	Aeris
Balloon	Balloon
Construction	Constructione
Crew	Cantavit
Descent	Descensus
Design	Consilium
Direction	Versus
Engine	Engine
Fuel	Esca
Height	Altitudo
History	Historia
Hydrogen	Consectetuer
Inflate	Inflamus
Landing	Portum
Passenger	Transeunte
Pilot	Gubernator
Sky	Caelum
Turbulence	Ferociam

Algebra
Algebra

Addition	Praeter
Diagram	Diagram
Division	Divisio
Equation	Aequatio
Exponent	Exponent
Factor	Factor
False	Falsum
Formula	Formula
Fraction	Fractio
Infinite	Infinita
Linear	Linearibus
Matrix	Matrix
Number	Numerus
Parenthesis	Parenthesis
Problem	Quaestio
Simplify	Aliquam
Solution	Solutio
Subtraction	Subtraction
Variable	Variabilis
Zero	Nulla

Antarctica
Antarctica

Bay	Bay
Birds	Aves
Clouds	Nubes
Continent	Continens
Environment	Environment
Expedition	Expeditione
Geography	Geographia
Ice	Ice
Islands	Insulae
Migration	Migratio
Minerals	Mineralibus
Peninsula	Peninsula
Researcher	Inquisitorem
Rocky	Rocky
Scientific	Scientific
Species	Species
Temperature	Tortor
Topography	Topographia
Water	Aqua
Whales	Cete

Antiques
Antiques

Art	Es
Authentic	Veram
Century	Century
Coins	Coins
Condition	Conditio
Decades	Decades
Decorative	Nullam
Elegant	Elegans
Enthusiast	Fanaticus
Furniture	Supellectilem
Gallery	Gallery
Investment	Dignissim
Item	Item
Jewelry	Jewelry
Old	Vetus
Price	Pretium
Quality	Qualitas
Restoration	Restitutionem
Style	Style
Unusual	Insolita

Archeology
Antiquitatis

Analysis	Analysis
Ancient	Antiqua
Antiquity	Antiquitatis
Bones	Ossa
Civilization	Cultu
Descendant	Successio
Evaluation	Aestimatio
Expert	Peritus
Findings	Inventiones
Forgotten	Oblitus
Fossil	Fossile
Fragments	Fragmenta
Mystery	Mysterium
Objects	Obiecta
Relic	Reliquia
Researcher	Inquisitorem
Team	Dolor
Temple	Templum
Tomb	Monumentum
Unknown	Ignotum

Art Supplies
Artis Commeatibus

Acrylic	Donec
Brushes	Perterget
Camera	Camera
Chair	Cathedra
Charcoal	Carbones
Clay	Lutum
Colors	Colores
Creativity	Glossarium
Easel	Otium
Eraser	Deleo
Glue	Gluten
Ink	Atramentum
Oil	Oleum
Paper	Charta
Pencils	Penicilli
Table	Mensam
Water	Aqua
Watercolors	Watercolors

Astronomy
Astronomia

Asteroid	Asteroidem
Astronaut	Astronaut
Astronomer	Astrologus
Constellation	Sidus
Cosmos	Cosmos
Earth	Terra
Eclipse	Eclipsis
Equinox	Aequinoctium
Galaxy	Galaxia
Meteor	Meteoron
Moon	Luna
Nebula	Nebula
Observatory	Observatorium
Planet	Planeta
Radiation	Radialis
Rocket	Eruca
Satellite	Satelles
Sky	Caelum
Supernova	Supernova
Zodiac	Zodiac

Ballet
Talarium

Artistic	Artis
Audience	Auditores
Choreography	Choreography
Composer	Compositor
Dancers	Saltatores
Expressive	Expressivum
Gesture	Gestu
Graceful	Decorum
Intensity	Intensionem
Lessons	Lectiones
Muscles	Musculi
Music	Musica
Orchestra	Orchestra
Practice	Usu
Rehearsal	Recensendum
Rhythm	Numero
Skill	Arte
Solo	Solo
Style	Style
Technique	Ars

Barbecues
Barbecues

Chicken	Pullum
Children	Filii
Dinner	Prandium
Family	Familia
Food	Cibum
Forks	Tridentes
Friends	Amicis
Fruit	Fructus
Games	Ludos
Grill	Craticulam
Hot	Calidum
Hunger	Fames
Music	Musica
Onions	Cepe
Salads	Potenti
Salt	Sal
Sauce	Condimentum
Summer	Aestate
Tomatoes	Tomatoes
Vegetables	Legumina

Beauty
Pulchritudo

Charm	Leporem
Color	Color
Cosmetics	Stibio
Curls	Cincinnis
Elegance	Elegantia
Elegant	Elegans
Fragrance	Odor
Grace	Gratia
Lipstick	Lipstick
Mascara	Convallis
Mirror	Speculum
Photogenic	Amet
Scissors	Axicia
Services	Officia
Shampoo	Shampoo
Skin	Cutis
Smooth	Lenis
Stylist	Stylist

Bees
Apes

Beneficial	Utile
Blossom	Florebit
Diversity	Diversitas
Ecosystem	Ecosystem
Flowers	Flores
Food	Cibum
Fruit	Fructus
Garden	Hortus
Habitat	Habitat
Hive	Alveo
Honey	Mel
Insect	Insect
Plants	Plantis
Pollen	Pollen
Pollinator	Pollinator
Queen	Regina
Smoke	Fumus
Sun	Sol
Swarm	Miscentur
Wax	Cera

Biology
Biology

Anatomy	Anatomia
Bacteria	Bacteria
Cell	Cell
Chromosome	Chromosome
Collagen	Collagen
Embryo	Embryo
Enzyme	Enzyme
Evolution	Praegressus
Hormone	Hormone
Mammal	Mammal
Mutation	Mutationis
Natural	Naturalis
Nerve	Nervus
Neuron	Neuron
Osmosis	Osmosis
Pathogen	Pathogen
Protein	Dapibus
Reptile	Reptile
Symbiosis	Symbiosis
Synapse	Synapse

Birds
Aves

Canary	Ga
Chicken	Pullum
Crow	Corvus
Cuckoo	Cuckoo
Dove	Columba
Duck	Anatis
Eagle	Aquila
Egg	Ovum
Flamingo	Flamingo
Goose	Anserem
Gull	Gull
Heron	Heron
Ostrich	Struthionem
Parrot	Psittacus
Peacock	Pavo
Pelican	Pelican
Sparrow	Passer
Stork	Ciconia
Swan	Swan
Toucan	Toucan

Boats
Navibus

Anchor	Anchor
Buoy	Sustineo
Canoe	Linter
Crew	Cantavit
Dock	Gregem
Engine	Engine
Ferry	Porttitor
Kayak	Kayak
Lake	Lacus
Nautical	Nauticis
Ocean	Oceanum
Raft	Ratis
River	Flumen
Rope	Funem
Sailboat	Navis
Sailor	Nauta
Sea	Mare
Tide	Aestus
Waves	Fluctus
Yacht	Yacht

Books
Books

Adventure	Casus
Author	Auctor
Character	Moribus
Collection	Collectio
Context	Context
Duality	Dualitatem
Historical	Historica
Humorous	Hujusmodi
Inventive	Ingeniosus
Literary	Litterarum
Novel	Nove
Page	Page
Poem	Carmen
Poetry	Carmina
Reader	Lector
Relevant	Pertinet
Series	Series
Story	Fabula
Tragic	Tragici
Written	Scriptum

Boxing
Boxing

Bell	Bell
Body	Corpus
Chin	Mentum
Corner	Angulo
Elbow	Cubitus
Exhausted	Lassus
Fighter	Pugnator
Fist	Pugno
Focus	Focus
Gloves	Caestus
Injuries	Iniurias
Kick	Calcitrare
Opponent	Adversarius
Points	Puncta
Quick	Velox
Recovery	Recuperatio
Referee	Referendarius
Ropes	Funes
Skill	Arte
Strength	Fortitudo

Buildings
Aedificia

Apartment	Duis
Barn	Horreum
Cabin	Cameram
Castle	Castrum
Embassy	Legationem
Factory	Factory
Farm	Farm
Hospital	Hospitalis
Hostel	Hospicio
Hotel	Hotel
Laboratory	Nulla
Museum	Museum
Observatory	Observatorium
School	Schola
Stadium	Stadium
Supermarket	Forum
Tent	Tabernaculum
Theater	Theatrum
Tower	Turris
University	University

Business
Negotium

Budget	Budget
Career	Curriculo
Company	Dolor
Cost	Sumptus
Currency	Monetæ
Discount	Discount
Economics	Parcus
Employee	Molestie
Employer	Dico:
Factory	Factory
Finance	Finance
Income	Reditus
Investment	Dignissim
Manager	Procurator
Merchandise	Merces
Money	Pecunia
Office	Officium
Sale	Sale
Shop	Tabernam
Taxes	Tributa

Camping
Castra

Adventure	Casus
Animals	Animalia
Cabin	Cameram
Canoe	Linter
Compass	Decima
Equipment	Apparatu
Fire	Ignis
Forest	Silva
Hammock	Hammock
Hat	Hat
Hunting	Venatione
Insect	Insect
Lake	Lacus
Map	Map
Moon	Luna
Mountain	Montem
Nature	Natura
Rope	Funem
Tent	Tabernaculum
Trees	Arbores

Chemistry
Chemia

Acid	Acidum
Alkaline	Alkaline
Atomic	Atomicus
Carbon	Carbo
Catalyst	Catalyst
Chlorine	Consequat
Electron	Electron
Enzyme	Enzyme
Gas	Vestibulum
Heat	Calor
Hydrogen	Consectetuer
Ion	Ion
Liquid	Liquid
Molecule	Moleculo
Nuclear	Nuclear
Organic	Organic
Oxygen	Dolor
Salt	Sal
Temperature	Tortor
Weight	Pondus

Chess
Latrunculorum

Black	Nigrum
Champion	Fortissimus
Contest	Certamen
Diagonal	Diameter
Game	Ludum
King	Rex
Opponent	Adversarius
Passive	Passiva
Player	Ludio Ludius
Points	Puncta
Queen	Regina
Rules	Praecepta
Sacrifice	Sacrificium
Strategy	Consilio
Time	Tempus
To Learn	Discere
Tournament	Torneamentum
White	Albus

Clothes
Vestimenta

Belt	Cingulum
Blouse	Blouse
Bracelet	Armillam
Coat	Coat
Dress	Habitu
Fashion	More
Gloves	Caestus
Hat	Hat
Jacket	Jacket
Jewelry	Jewelry
Necklace	Monile
Pajamas	Pajamas
Pants	Braccae
Sandals	Sandalia
Scarf	Chlamydem
Shirt	Shirt
Shoe	Nulla Nec
Skirt	Lacinia
Socks	Tibialia
Sweater	Sweater

Conservation
Conservationem

Changes	Mutationes
Chemicals	Chemicals
Climate	Caeli
Concern	Cura
Cycle	Cursus
Ecosystem	Ecosystem
Education	Education
Environmental	Aliquam
Green	Viridis
Habitat	Habitat
Health	Salutem
Natural	Naturalis
Organic	Organic
Pesticide	Pesticide
Pollution	Pollutio
Reduce	Reducere
Sustainable	Nullam
Water	Aqua

Countries #1
Regionibus #1

Brazil	Brazil
Canada	Canada
Egypt	Aegypto
Finland	Finland
Germany	Germania
Iraq	Iraq
Israel	Israhel
Italy	Italia
Latvia	Latvia
Libya	Libya
Morocco	Mauritania
Nicaragua	Nicaragua
Norway	Norway
Panama	Panama
Poland	Polonia
Romania	Romania
Senegal	Senegalia
Spain	Hispania
Venezuela	Venetiola
Vietnam	Vietnam

Countries #2
Regionibus #2

Albania	Albania
Denmark	Daniae
Ethiopia	Aethiopia
Greece	Graecia
Haiti	Haitia
Jamaica	Jamaica
Japan	Japan
Kenya	Kenya
Laos	Laos
Lebanon	Libanus
Liberia	Liberia
Mexico	Mexico
Nepal	Nepal
Nigeria	Nigeria
Russia	Russia
Somalia	Somalia
Sudan	Sudania
Syria	Syria
Uganda	Uganda
Ukraine	Ucraina

Creativity
Glossarium

Artistic	Artis
Changing	Mutato
Clarity	Claritas
Dramatic	Tragicus
Emotions	Affectus
Expression	Expressio
Fluidity	Fluiditatem
Image	Imago
Imagination	Imaginatio
Impression	Impressionem
Inspiration	Inspiratio
Intensity	Intensionem
Intuition	Intuitum
Inventive	Ingeniosus
Sensation	Sensum
Skill	Arte
Spontaneous	Spontanea
Visions	Visiones
Vitality	Vitale

Dance
Chorus

Academy	Academiae
Art	Es
Body	Corpus
Choreography	Choreography
Classical	Classical
Cultural	Culturae
Culture	Cultura
Emotion	Affectus
Expressive	Expressivum
Grace	Gratia
Joyful	Laeta
Movement	Motus
Music	Musica
Partner	Socium
Posture	Staturam
Rehearsal	Recensendum
Rhythm	Numero
Traditional	Traditum
Visual	Visual

Days and Months
Diebus et Mensibus

April	Aprilis
August	August
Calendar	Calendar
February	February
Friday	Veneris
January	January
July	July
March	Martii
Monday	Monday
Month	Mense
November	November
October	Aliquam
Saturday	Saturday
September	September
Sunday	Dominica
Thursday	Jovis
Tuesday	Martis
Wednesday	Wednesday
Week	Septimana
Year	Anno

Diplomacy
Condicionibus

Adviser	Auctor
Ambassador	Legatus
Citizens	Cives
Civic	Civilis
Community	Communitas
Conflict	Certamen
Cooperation	Cooperatio
Diplomatic	Diplomaticae
Discussion	Disputationem
Embassy	Legationem
Ethics	Ethicorum
Government	Imperium
Humanitarian	Humanitarian
Integrity	Integritate
Justice	Iustitia
Politics	Politica
Resolution	Resolutio
Security	Securitatem
Solution	Solutio
Treaty	Tractatus

Disease
Morbi

Abdominal	Abdominis
Allergies	Allergies
Bacterial	Bacterial
Body	Corpus
Bones	Ossa
Chronic	Inveterata
Contagious	Contagiosis
Genetic	Triticum
Health	Salutem
Heart	Cor
Hereditary	Hereditaria
Immunity	Immunitatem
Inflammation	Inflammatio
Lumbar	Lumborum
Neuropathy	Neuropathia
Pathogens	Pathogens
Respiratory	Respiratorii
Syndrome	Syndrome
Therapy	Justo
Weak	Infirma

Driving
Pulsis

Accident	Accidens
Brakes	Dumeta
Car	Car
Danger	Periculum
Fuel	Esca
Garage	Garage
Gas	Vestibulum
License	Licentia
Map	Map
Motor	Motor
Motorcycle	Motorcycle
Pedestrian	Pedestrem
Police	At
Road	Via
Safety	Salutem
Speed	Celeritate
Street	Platea
Traffic	Aenean
Truck	Dolor
Tunnel	Cuniculum

Ecology
Oecologia

Climate	Caeli
Communities	Communitates
Diversity	Diversitas
Drought	Siccitate
Flora	Flora
Habitat	Habitat
Marine	Marine
Marsh	Paludem
Mountains	Montes
Natural	Naturalis
Nature	Natura
Plants	Plantis
Resources	Opes
Species	Species
Survival	Salutem
Sustainable	Nullam
Variety	Varietate
Vegetation	Virentia
Volunteers	Voluntariis

Energy
Vestibulum

Battery	Pugna
Carbon	Carbo
Diesel	Pellentesque
Electric	Ultrices
Electron	Electron
Engine	Engine
Entropy	Entropy
Environment	Environment
Fuel	Esca
Gasoline	Gasoline
Heat	Calor
Hydrogen	Consectetuer
Industry	Industria
Motor	Motor
Nuclear	Nuclear
Photon	Photon
Pollution	Pollutio
Renewable	Renewable
Turbine	Turbine
Wind	Ventus

Engineering
Lorem Ipsum

Angle	Angulus
Axis	Axis
Calculation	Calculus
Construction	Constructione
Depth	Profundum
Diagram	Diagram
Diameter	Diam
Diesel	Pellentesque
Distribution	Distributio
Energy	Vestibulum
Engine	Engine
Gears	Anni
Levers	Vectium
Liquid	Liquid
Machine	Apparatus
Measurement	Aliquam
Motor	Motor
Propulsion	Propellentem
Stability	Stabilitatem
Structure	Structura

Ethics
Ethicorum

Altruism	Altruism
Compassion	Misericordia
Cooperation	Cooperatio
Dignity	Dignitatem
Diplomatic	Diplomaticae
Honesty	Honestatis
Humanity	Humanitatis
Individualism	Quisque
Integrity	Integritate
Kindness	Misericordiam
Optimism	Spe
Patience	Patientia
Philosophy	Philosophia
Realism	Realismus
Reasonable	Rationabile
Respectful	Reverentior
Tolerance	Tolerantia
Values	Bona
Wisdom	Sapientia

Family
Familia

Ancestor	Ancestor
Aunt	Matertera
Brother	Frater
Child	Puer
Childhood	Pueritia
Children	Filii
Cousin	Cognata
Daughter	Filia
Father	Pater
Grandchild	Nepotem
Grandfather	Avus
Husband	Vir
Maternal	Materno
Mother	Mater
Nephew	Nepos
Niece	Neptis
Paternal	Paterni
Sister	Soror
Uncle	Patruus
Wife	Uxor

Farm #1
Farm #1

Agriculture	Agricultura
Bee	Apis
Calf	Vitulum
Cat	Felis
Chicken	Pullum
Cow	Bos
Crow	Corvus
Dog	Canis
Donkey	Asinus
Fence	Sepem
Fertilizer	Stercorat
Field	Agro
Flock	Gregem
Goat	Hircum
Hay	Hay
Honey	Mel
Horse	Equus
Rice	Rice
Seeds	Semina
Water	Aqua

Farm #2
Farm #2

Animals	Animalia
Barley	Hordeum
Barn	Horreum
Corn	Frumentum
Duck	Anatis
Farmer	Agricola
Food	Cibum
Fruit	Fructus
Irrigation	Irrigationes
Lamb	Agnus
Llama	Llama
Meadow	Prati
Milk	Lac
Orchard	Orchard
Ripe	Matura
Sheep	Oves
Tractor	Tractor
Vegetable	Vegetabilis
Wheat	Triticum
Windmill	Windmill

Fishing
Piscandi

Bait	Esca
Basket	Canistrum
Beach	Beach
Boat	Navi
Cook	Coques
Equipment	Apparatu
Exaggeration	Augendo
Gills	Branchias
Hook	Hamo
Jaw	Maxilla
Lake	Lacus
Ocean	Oceanum
Patience	Patientia
River	Flumen
Season	Temporum
Water	Aqua
Weight	Pondus
Wire	Filum

Flowers
Flores

Bouquet	Flos
Clover	Trifolium
Daffodil	Narcissus
Daisy	Daisy
Dandelion	Taraxacum
Gardenia	Gardenia
Hibiscus	Hibisco
Jasmine	Aenean
Lavender	Casia
Lily	Lilium
Magnolia	Magnolia
Orchid	Orchid
Passionflower	Passionflower
Peony	Aglaophotis
Petal	Petalorum
Plumeria	Plumeria
Poppy	Papaver
Rose	Rosa
Sunflower	Helianthus
Tulip	Tulipa

Food #1
Cibum #1

Apricot	Persicum
Barley	Hordeum
Basil	Basilius
Carrot	Daucus
Garlic	Allium
Juice	Sucus
Lemon	Lemon
Milk	Lac
Onion	Cepa
Peanut	Eros
Pear	Pirum
Salad	Sem
Salt	Sal
Soup	Elit
Spinach	Spinach
Strawberry	Fragum
Sugar	Sugar
Tofu	Tofu
Tuna	Tuna
Turnip	Rapa

Food #2
Cibum #2

Apple	Apple
Artichoke	Cactus
Asparagus	Asparagus
Bread	Panem
Broccoli	Algentem
Celery	Apium
Cheese	Caseus
Cherry	Cerasus
Chicken	Pullum
Chocolate	Scelerisque
Egg	Ovum
Eggplant	Eggplant
Fish	Pisces
Grape	Uva
Ham	Ham
Kiwi	Kiwi
Mushroom	Fungorum
Rice	Rice
Wheat	Triticum
Yogurt	Yogurt

Force and Gravity
Vim et Gravitatem

Axis	Axis
Center	Centrum
Discovery	Inventio
Distance	Procul
Dynamic	Suscipit
Expansion	Dilatatio
Impact	Ictum
Magnetism	Magnetismi
Magnitude	Magnitudo
Mechanics	Mechanica
Motion	Motus
Orbit	Orbita
Physics	Physica
Planets	Planetarum
Pressure	Curabitur
Properties	Proprietates
Speed	Celeritate
Time	Tempus
Universal	Universalis
Weight	Pondus

Fruit
Fructus

Apple	Apple
Avocado	Avocado
Berry	Berry
Blackberry	Etiam
Cherry	Cerasus
Coconut	Dolor
Fig	Ficus
Grape	Uva
Guava	Guava
Kiwi	Kiwi
Lemon	Lemon
Mango	Mango
Melon	Cucumis
Nectarine	Nectarine
Orange	Rhoncus
Papaya	Papaya
Peach	Persicum
Pear	Pirum
Pineapple	Pineapple
Raspberry	Rubus Idaeus

Garden
Hortus

Bench	Banco
Bush	Bush
Fence	Sepem
Flower	Flos
Garage	Garage
Garden	Hortus
Grass	Herba
Hammock	Hammock
Hose	Hose
Orchard	Orchard
Pond	Eget
Rake	Sarculum
Rocks	Saxa
Shovel	Rutrum
Soil	Solo
Terrace	Xystum
Trampoline	Trampoline
Tree	Arbor
Vine	Vitis
Weeds	Zizania

Gardening
Gardening

Blossom	Florebit
Botanical	Botanica
Bouquet	Flos
Climate	Caeli
Compost	Stercus
Container	Continens
Dirt	Luto
Edible	Edulis
Exotic	Exotic
Floral	Floralibus
Foliage	Fronde
Hose	Hose
Leaf	Folium
Moisture	Umor
Orchard	Orchard
Seasonal	Adipiscing
Seeds	Semina
Soil	Solo
Species	Species
Water	Aqua

Geography
Geographia

Altitude	Altitudo
Atlas	Atlas
City	Urbem
Continent	Continens
Country	Patria
Hemisphere	Hemisphaerio
Island	Insula
Latitude	Latitudo
Map	Map
Meridian	Meridianus
Mountain	Montem
North	North
Ocean	Oceanum
Region	Regione
River	Flumen
Sea	Mare
South	Meridiem
Territory	Territorio
West	West
World	Mundi

Geology
Nederlandicae

Acid	Acidum
Calcium	Calcium
Cavern	Specus
Continent	Continens
Coral	Coral
Crystals	Crystals
Cycles	Circuitus
Earthquake	Terraemotus
Erosion	Exesa
Fossil	Fossile
Geyser	Geyser
Lava	Lava
Layer	Accumsan
Minerals	Mineralibus
Plateau	Plateau
Quartz	Quartz
Salt	Sal
Stalactite	Stalactite
Stone	Stone
Volcano	Volcano

Geometry
Geometria

Angle	Angulus
Calculation	Calculus
Circle	Circulus
Curve	Curva
Diameter	Diam
Dimension	Ratio
Equation	Aequatio
Height	Altitudo
Horizontal	Vestibulum
Logic	Logica
Mass	Massa
Median	Medianus
Number	Numerus
Parallel	Parallela
Proportion	Proportio
Segment	Segmentum
Surface	Superficiem
Symmetry	Praeditis
Theory	Theoria
Triangle	Triangulum

Global Warming
Global Calefacientem

Arctic	Arctic
Attention	Operam
Changes	Mutationes
Climate	Caeli
Crisis	Discrimen
Data	Data
Development	Consequat
Environmental	Aliquam
Future	Futurum
Gas	Vestibulum
Generations	Generationes
Government	Imperium
Habitats	Loca
Industry	Industria
International	International
Legislation	Leges
Now	Nunc
Populations	Populi
Scientist	Scientist
Temperatures	Temperaturis

Government
Imperium

Citizenship	Ciuitatem
Civil	Civilis
Constitution	Constitutio
Democracy	Democratia
Discussion	Disputationem
District	Nullam
Equality	Aequalitas
Judicial	Iudicialis
Justice	Iustitia
Law	Lex
Leader	Dux
Legal	Iure
Liberty	Libertatem
Monument	Monumentum
Nation	Gens
Peaceful	Pacis
Politics	Politica
Speech	Oratio
State	Status
Symbol	Signum

Hair Types
Genera Capillos

Bald	Calvus
Black	Nigrum
Blond	Flavis
Braided	Tortis
Brown	Brown
Colored	Coloratum
Curls	Cincinnis
Curly	Crispus
Dry	Siccum
Gray	Gray
Healthy	Sanus
Long	Diu
Shiny	Crus
Short	Denique
Silver	Argentum
Smooth	Lenis
Soft	Mollis
Thick	Crassus
Thin	Tenuis
White	Albus

Health and Wellness #1
Salutem et Sanitatem #1

Active	Activa
Bacteria	Bacteria
Bones	Ossa
Clinic	Eget
Doctor	Medicus
Fracture	Fractura
Habit	Habitus
Height	Altitudo
Hormones	Hormones
Hunger	Fames
Medicine	Medicina
Muscles	Musculi
Nerves	Nervis
Pharmacy	Atqui
Reflex	Reflexum
Relaxation	Consequat
Skin	Cutis
Therapy	Justo
Treatment	Curatio
Virus	Virus

Health and Wellness #2
Salutem et Sanitatem #2

Allergy	Urna
Anatomy	Anatomia
Appetite	Appetitus
Blood	Sanguinem
Calorie	Calorie
Diet	Diet
Digestion	Concoctionem
Disease	Morbi
Energy	Vestibulum
Genetics	Genetics
Healthy	Sanus
Hospital	Hospitalis
Hygiene	Hygiene
Infection	Infectio
Massage	Suspendisse
Mood	Mood
Nutrition	Nutritionem
Recovery	Recuperatio
Vitamin	Vitaminum
Weight	Pondus

Herbalism
Herbalism

Aromatic	Aromaticum
Basil	Basilius
Beneficial	Utile
Culinary	Culinary
Fennel	Faeniculi
Flavor	Saporem
Flower	Flos
Garden	Hortus
Garlic	Allium
Green	Viridis
Ingredient	Ingrediens
Lavender	Casia
Marjoram	Origani
Mint	Mint
Oregano	Origanum
Parsley	Petroselinum
Plant	Planta
Rosemary	Rosmarinus
Saffron	Crocus
Tarragon	Tarragon

Hiking
Hiking

Animals	Animalia
Boots	Tabernus
Camping	Castra
Climate	Caeli
Guides	Duces
Heavy	Gravis
Map	Map
Mountain	Montem
Nature	Natura
Orientation	Orientation
Parks	Parcis
Preparation	Praeparatio
Stones	Lapides
Summit	Culmen
Sun	Sol
Tired	Lassus
Water	Aqua
Weather	Tempestas
Wild	Fera

House
Domus

Attic	Attica
Broom	Genistae
Curtains	Pelles
Door	Ostium
Fence	Sepem
Fireplace	Foco
Floor	Area
Furniture	Supellectilem
Garage	Garage
Garden	Hortus
Keys	Claves
Kitchen	Vestibulum
Lamp	Lucerna
Library	Library
Mirror	Speculum
Roof	Tectum
Room	Locus
Shower	Imber
Wall	Murum
Window	Fenestra

Human Body
Corpus Humanum

Ankle	Tarso
Blood	Sanguinem
Bones	Ossa
Brain	Cerebrum
Chin	Mentum
Ear	Auris
Elbow	Cubitus
Face	Faciem
Finger	Digitus
Hand	Manu
Head	Caput
Heart	Cor
Jaw	Maxilla
Knee	Genu
Leg	Crus
Mouth	Ore
Neck	Collum
Nose	Naribus
Shoulder	Humerum
Skin	Cutis

Insects
Insecta

Ant	Ant
Aphid	Aphid
Bee	Apis
Beetle	Beetle
Butterfly	Papilio
Cicada	Cicada
Cockroach	Blattam
Dragonfly	Dragonfly
Grasshopper	Grillus
Ladybug	Ladybug
Larva	Uterus
Locust	Locusta
Mantis	Mantis
Mosquito	Culex
Moth	Tinea
Termite	Termite
Wasp	Wasp
Worm	Vermis

Jazz
Jazz

Album	Album
Artist	Artifex
Composer	Compositor
Composition	Compositio
Concert	Concert
Drums	Tympana
Famous	Nobilis
Favorites	Favorites
Genre	Genus
Improvisation	Improvisation
Music	Musica
Musicians	Musicorum
New	Novum
Old	Vetus
Orchestra	Orchestra
Rhythm	Numero
Song	Canticum
Style	Style
Talent	Talentum
Technique	Ars

Landscapes
Donec

Beach	Beach
Cave	Cave
Desert	Deserto
Geyser	Geyser
Glacier	Glacier
Hill	Hill
Iceberg	Iceberg
Island	Insula
Lake	Lacus
Mountain	Montem
Oasis	Oasis
Ocean	Oceanum
Peninsula	Peninsula
River	Flumen
Sea	Mare
Swamp	Palus
Tundra	Tundra
Valley	Convallis
Volcano	Volcano
Waterfall	Cataracta

Literature
Litteris

Analogy	Similitudo
Analysis	Analysis
Anecdote	Fabella
Author	Auctor
Biography	Vita
Comparison	Comparatione
Conclusion	Conclusio
Description	Description
Dialogue	Dialogus
Fiction	Ficta
Metaphor	Metaphora
Novel	Nove
Opinion	Sententia
Poem	Carmen
Poetic	Poetica
Rhyme	Concordare
Rhythm	Numero
Style	Style
Theme	Argumentum
Tragedy	Tragoedia

Mammals
Nullam

Bear	Ursus
Beaver	Castor
Bull	Taurus
Cat	Felis
Coyote	Coyote
Dog	Canis
Dolphin	Delphini
Elephant	Elephantis
Fox	Vulpes
Giraffe	Panthera
Gorilla	Orci
Horse	Equus
Kangaroo	Macropus
Lion	Leo
Monkey	Simia
Rabbit	Lepus
Sheep	Oves
Whale	Balena
Wolf	Lupus
Zebra	Zebra

Math
Math

Angles	Anguli
Arithmetic	Arithmetica
Decimal	Decimales
Degrees	Gradus
Diameter	Diam
Division	Divisio
Equation	Aequatio
Exponent	Exponent
Fraction	Fractio
Geometry	Geometria
Numbers	Numeri
Parallel	Parallela
Perimeter	Perimeter
Polygon	Polygonum
Radius	Radius
Rectangle	Rectangulum
Square	Quadratum
Sum	Summa
Symmetry	Praeditis
Triangle	Triangulum

Measurements
Mensurae

Byte	Byte
Centimeter	Centimeter
Decimal	Decimales
Degree	Gradus
Depth	Profundum
Gram	Gram
Height	Altitudo
Inch	Inch
Kilogram	Kilogram
Kilometer	Kilometer
Length	Longitudo
Liter	Liter
Mass	Massa
Meter	Metri
Minute	Minutis
Ounce	Unciam
Pint	Sextarium
Ton	Ton
Weight	Pondus
Width	Latitudo

Meditation
Meditatio

Acceptance	Acceptio
Attention	Operam
Breathing	Spirans
Calm	Tranquillitas
Clarity	Claritas
Compassion	Misericordia
Emotions	Affectus
Gratitude	Gratia
Habits	Habitus
Kindness	Misericordiam
Mental	Mentis
Mind	Mens
Movement	Motus
Music	Musica
Nature	Natura
Peace	Pacem
Perspective	Prospectum
Silence	Silentium
Thoughts	Cogitationes
To Learn	Discere

Music
Musica

Album	Album
Ballad	Naenia
Chorus	Chorus
Classical	Classical
Harmonic	Harmonia
Harmony	Concordia
Improvise	Vestibulum
Instrument	Instrumentum
Lyrical	Lyrical
Melody	Cantate
Microphone	Ligula
Musical	Musicum
Musician	Musicus
Opera	Opera
Poetic	Poetica
Recording	Recording
Rhythm	Numero
Rhythmic	Numerosa
Singer	Cantor
Vocal	Vocalis

Musical Instruments
Organis

Banjo	Banjo
Bassoon	Bassoon
Cello	Cello
Chimes	Pleni
Clarinet	Tibiae
Flute	Tibia
Gong	Gong
Harmonica	Harmonica
Harp	Cithara
Mandolin	Mandolin
Oboe	Sonata
Percussion	Percussus
Piano	Piano
Saxophone	Saxophone
Tambourine	Tympanum
Trombone	Trombone
Trumpet	Tuba
Violin	Vitae

Mythology
Fabularis

Archetype	Archetypum
Behavior	Moribus
Beliefs	Opiniones
Creature	Creatura
Culture	Cultura
Disaster	Cladis
Heaven	Caelum
Hero	Heros
Jealousy	Zelus
Labyrinth	Labyrinthus
Legend	Legend
Lightning	Fulgur
Magical	Magicalis
Monster	Monstrum
Mortal	Mortale
Revenge	Vindictam
Strength	Fortitudo
Thunder	Tonitrua
Triumphant	Triumphantes
Warrior	Bellator

Nature
Natura

Animals	Animalia
Arctic	Arctic
Beauty	Pulchritudo
Bees	Apes
Cliffs	Rupes
Clouds	Nubes
Desert	Deserto
Dynamic	Suscipit
Erosion	Exesa
Fog	Caligo
Foliage	Fronde
Forest	Silva
Glacier	Glacier
Peaceful	Pacis
River	Flumen
Sanctuary	Sanctuarium
Serene	Serena
Tropical	Tropical
Vital	Vitalis
Wild	Fera

Numbers
Numeri

Decimal	Decimales
Eight	Octo
Eighteen	Decem et Octo
Fifteen	Quindecim
Five	Quinque
Four	Quattuor
Fourteen	Quattuordecim
Nine	Novem
Nineteen	Undeviginti
One	Unum
Seven	Septem
Seventeen	Septemdecim
Six	Sex
Sixteen	Sedecim
Ten	Decem
Thirteen	Tredecim
Three	Tres
Twelve	Duodecim
Twenty	Viginti
Two	Duo

Nutrition
Nutritionem

Appetite	Appetitus
Balanced	Libratum
Bitter	Amara
Calories	Adipiscing
Carbohydrates	Carbohydrates
Diet	Diet
Digestion	Concoctionem
Edible	Edulis
Fermentation	Fermentum
Flavor	Saporem
Habits	Habitus
Health	Salutem
Healthy	Sanus
Nutrient	Cibus
Proteins	Servo
Quality	Qualitas
Sauce	Condimentum
Toxin	Toxin
Vitamin	Vitaminum
Weight	Pondus

Ocean
Oceanum

Coral	Coral
Crab	Cancer
Dolphin	Delphini
Eel	Anguilla
Fish	Pisces
Jellyfish	Jellyfish
Octopus	Polypus
Oyster	Ostrea
Reef	Reef
Salt	Sal
Seaweed	Alga
Shark	Shark
Shrimp	Squilla
Sponge	Spongia
Storm	Tempestas
Tides	Aestus
Tuna	Tuna
Turtle	Turtur
Waves	Fluctus
Whale	Balena

Philanthropy
Benignitas

Children	Filii
Community	Communitas
Contacts	Contactus
Donate	Datum
Finance	Finance
Funds	Pecunia
Generosity	Liberalitate
Goals	Metas
Groups	Coetus
History	Historia
Honesty	Honestatis
Humanity	Humanitatis
Mission	Missio
Need	Opus
People	Populus
Programs	Progressio
Public	Publica
Youth	Iuvenis

Physics
Physica

Acceleration	Acceleratio
Atom	Atom
Chaos	Chaos
Chemical	Eget
Density	Densitas
Electron	Electron
Engine	Engine
Formula	Formula
Frequency	Frequency
Gas	Vestibulum
Magnetism	Magnetismi
Mass	Massa
Mechanics	Mechanica
Molecule	Moleculo
Nuclear	Nuclear
Particle	Particula
Relativity	Comparatione
Speed	Celeritate
Universal	Universalis
Velocity	Velocitas

Plants
Plantis

Bamboo	Bamboo
Bean	Bean
Berry	Berry
Botany	Botanicam
Bush	Bush
Cactus	Cactus
Fertilizer	Stercorat
Flora	Flora
Flower	Flos
Foliage	Fronde
Forest	Silva
Garden	Hortus
Grass	Herba
Ivy	Hedera
Moss	Muscus
Petal	Petalorum
Root	Radix
Stem	Caulis
Tree	Arbor
Vegetation	Virentia

Professions #1
Professionibus #1

Ambassador	Legatus
Astronomer	Astrologus
Attorney	Attornatum
Banker	Remi
Cartographer	Cartographer
Coach	Raeda
Dancer	Saltator
Doctor	Medicus
Editor	Editor
Geologist	Geologist
Hunter	Venator
Jeweler	Jeweler
Musician	Musicus
Nurse	Nutrix
Pianist	The
Plumber	Plumbarius
Psychologist	Psychologist
Sailor	Nauta
Tailor	Sartor
Veterinarian	Veterinarius

Professions #2
Professionibus #2

Astronaut	Astronaut
Biologist	Biologist
Chemist	Pharmacopola
Dentist	Dentist
Detective	Inquisitor
Engineer	Engineer
Farmer	Agricola
Gardener	Hortulanus
Illustrator	Illustrrator
Inventor	Inventor
Journalist	Wisi
Linguist	Linguist
Painter	Pictor
Philosopher	Philosophus
Photographer	Pretium
Physician	Medicus
Pilot	Gubernator
Researcher	Inquisitorem
Teacher	Magister
Zoologist	Zoologist

Psychology
Duis

Appointment	Appointment
Assessment	Taxationem
Behavior	Moribus
Childhood	Pueritia
Clinical	Fusce
Cognition	Cognitio
Conflict	Certamen
Dreams	Somnia
Ego	Ego
Emotions	Affectus
Experiences	Experitur
Memories	Memoria
Perception	Perceptio
Problem	Quaestio
Reality	Re
Sensation	Sensum
Subconscious	Subconscious
Therapy	Justo
Thoughts	Cogitationes
Unconscious	Conscientiam

Rainforest
Rainforest

Amphibians	Amphibia
Birds	Aves
Botanical	Botanica
Climate	Caeli
Clouds	Nubes
Community	Communitas
Diversity	Diversitas
Insects	Insecta
Jungle	Truncatis
Mammals	Nullam
Moss	Muscus
Nature	Natura
Refuge	Refugium
Respect	Quantum
Restoration	Restitutionem
Species	Species
Survival	Salutem
Valuable	Pretiosum

Science
Scientia

Atom	Atom
Chemical	Eget
Climate	Caeli
Data	Data
Evolution	Praegressus
Experiment	Experimentum
Fact	Eo
Fossil	Fossile
Gravity	Gravitatis
Hypothesis	Rum
Laboratory	Nulla
Method	Modus
Minerals	Mineralibus
Molecules	Moleculis
Nature	Natura
Observation	Observatione
Particles	Particulis
Physics	Physica
Plants	Plantis
Scientist	Scientist

Science Fiction
Scientia Ficta

Atomic	Atomicus
Chemicals	Chemicals
Distant	Distant
Dystopia	Dystopia
Explosion	Crepitus
Extreme	Extrema
Fantastic	Suspendisse
Fire	Ignis
Futuristic	Futuristic
Galaxy	Galaxia
Illusion	Illusio
Imaginary	Imaginaria
Mysterious	Arcanum
Novels	Conscripserit
Oracle	Oraculum
Planet	Planeta
Technology	Nulla
Utopia	Utopia
World	Mundi

Scientific Disciplines
Scientifica Disciplinis

Anatomy	Anatomia
Archaeology	Antiquitatis
Astronomy	Astronomia
Biochemistry	Biochemistry
Biology	Biology
Botany	Botanicam
Chemistry	Chemia
Ecology	Oecologia
Geology	Nederlandicae
Immunology	Immunology
Kinesiology	Kinesiology
Linguistics	Grammatica
Mechanics	Mechanica
Meteorology	Meteorology
Mineralogy	Mineralogy
Neurology	Neurology
Physiology	Physiology
Psychology	Duis
Sociology	Sociologiae
Zoology	Zoologicam

Shapes
Figuris

Arc	Arc
Circle	Circulus
Cone	Coni
Corner	Angulo
Cube	Cubus
Curve	Curva
Cylinder	Cylindro
Edges	Oras
Ellipse	Ellipsi
Line	Linea
Oval	Oval
Polygon	Polygonum
Prism	Prisma
Pyramid	Pyramidis
Rectangle	Rectangulum
Round	Circum
Side	Parte
Sphere	Sphaera
Square	Quadratum
Triangle	Triangulum

Spices
Aromata

Anise	Anethum
Bitter	Amara
Cardamom	Amomum
Chili	Purus
Coriander	Coriandri
Curry	Curry
Fennel	Faeniculi
Flavor	Saporem
Garlic	Allium
Ginger	Gingiber
Licorice	Liquiritiae
Nutmeg	Nutmeg
Onion	Cepa
Paprika	Paprika
Pepper	Piper
Saffron	Crocus
Salt	Sal
Sour	Acidum
Sweet	Dulcis
Vanilla	Vanilla

Sport
Sport

Ability	Facultatem
Athlete	Athleta
Body	Corpus
Bones	Ossa
Coach	Raeda
Cycling	Cycling
Dancing	Chorum
Diet	Diet
Endurance	Patientia
Goal	Finis
Health	Salutem
Jogging	Jogging
Maximize	Maximize
Metabolic	Metabolicae
Muscles	Musculi
Nutrition	Nutritionem
Program	Elit
Sports	Ludis
Strength	Fortitudo
Stretching	Extendens

Time
Tempus

Annual	Annua
Before	Ante
Calendar	Calendar
Century	Century
Clock	Horologium
Day	Die
Decade	Decennium
Future	Futurum
Hour	Hora
Minute	Minutis
Month	Mense
Morning	Mane
Night	Nocte
Noon	Meridies
Now	Nunc
Soon	Mox
Today	Hodie
Week	Septimana
Year	Anno
Yesterday	Heri

Town
Oppidum

Airport	Elit
Bakery	Pistrinum
Bank	Ripam
Bookstore	Bookstore
Cafe	Casu
Clinic	Eget
Florist	Florist
Gallery	Gallery
Hotel	Hotel
Library	Library
Museum	Museum
Pharmacy	Atqui
Restaurant	Amet
School	Schola
Stadium	Stadium
Store	Store
Supermarket	Forum
Theater	Theatrum
University	University
Zoo	Exo

Universe
Universi

Asteroid	Asteroidem
Astronomer	Astrologus
Astronomy	Astronomia
Atmosphere	Aeris
Celestial	Caelestis
Cosmic	Cosmicam
Darkness	Tenebrae
Galaxy	Galaxia
Hemisphere	Hemisphaerio
Horizon	Horizon
Latitude	Latitudo
Longitude	Longitudinis
Moon	Luna
Orbit	Orbita
Sky	Caelum
Solar	Solaris
Solstice	Aequinoctium
Telescope	Telescopium
Visible	Apparet
Zodiac	Zodiac

Vacation #2
Vacation #2

Airport	Elit
Beach	Beach
Camping	Castra
Foreign	Aliena
Foreigner	Peregrinus
Holiday	Ferias
Hotel	Hotel
Island	Insula
Journey	Iter
Leisure	Otium
Map	Map
Mountains	Montes
Passport	Singraphus
Restaurant	Amet
Sea	Mare
Taxi	Taxi
Tent	Tabernaculum
Train	Comitatu
Transportation	Nulla
Visa	Visa

Vegetables
Legumina

Artichoke	Cactus
Broccoli	Algentem
Carrot	Daucus
Cauliflower	Brassica
Celery	Apium
Cucumber	Cucumis
Eggplant	Eggplant
Garlic	Allium
Ginger	Gingiber
Mushroom	Fungorum
Olive	Olivae
Onion	Cepa
Parsley	Petroselinum
Pea	Pisum
Pumpkin	Cucurbita
Radish	Radicula
Salad	Sem
Shallot	Shallot
Spinach	Spinach
Turnip	Rapa

Vehicles
Vehicula

Airplane	Vivamus
Ambulance	Ambulance
Boat	Navi
Car	Car
Caravan	Comitatum
Engine	Engine
Ferry	Porttitor
Helicopter	Helicopter
Motor	Motor
Raft	Ratis
Rocket	Eruca
Scooter	Scooter
Submarine	Submarine
Subway	Subway
Taxi	Taxi
Tires	Tires
Tractor	Tractor
Train	Comitatu
Truck	Dolor

Water
Aqua

Canal	Canalis
Damp	Humido
Evaporation	Evaporatio
Flood	Diluvium
Frost	Gelu
Geyser	Geyser
Humidity	Humiditas
Hurricane	Procellae
Ice	Ice
Irrigation	Irrigationes
Lake	Lacus
Moisture	Umor
Monsoon	Etesia
Ocean	Oceanum
Rain	Pluvia
River	Flumen
Shower	Imber
Snow	Nix
Steam	Vapor
Waves	Fluctus

Weather
Tempestas

Atmosphere	Aeris
Breeze	Aura
Climate	Caeli
Cloud	Nubes
Drought	Siccitate
Dry	Siccum
Fog	Caligo
Hurricane	Procellae
Ice	Ice
Lightning	Fulgur
Monsoon	Etesia
Polar	Polar
Rainbow	Mauris
Sky	Caelum
Storm	Tempestas
Temperature	Tortor
Thunder	Tonitrua
Tornado	Turbo
Tropical	Tropical
Wind	Ventus

Congratulations

You made it!

We hope you enjoyed this book as much as we enjoyed making it. We do our best to make high quality games.
These puzzles are designed in a clever way for you to learn actively while having fun!

Did you love them?

A Simple Request

Our books exist thanks your reviews. Could you help us by leaving one now?

Here is a short link which will take you to your order review page:

BestBooksActivity.com/Review50

MONSTER CHALLENGE!

Challenge #1

Ready for Your Bonus Game? We use them all the time but they are not so easy to find. Here are **Synonyms**!

Note 5 words you discovered in each of the Puzzles noted below (#21, #36, #76) and try to find 2 synonyms for each word.

Note 5 Words from *Puzzle 21*

Words	Synonym 1	Synonym 2

Note 5 Words from *Puzzle 36*

Words	Synonym 1	Synonym 2

Note 5 Words from *Puzzle 76*

Words	Synonym 1	Synonym 2

Challenge #2

Now that you are warmed-up, note 5 words you discovered in each Puzzle noted below (#9, #17, #25) and try to find 2 antonyms for each word. How many lines can you do in 20 minutes?

Note 5 Words from **Puzzle 9**

Words	Antonym 1	Antonym 2

Note 5 Words from **Puzzle 17**

Words	Antonym 1	Antonym 2

Note 5 Words from **Puzzle 25**

Words	Antonym 1	Antonym 2

Challenge #3

Wonderful, this monster challenge is nothing to you!

Ready for the last one? Choose your 10 favorite words discovered in any of the Puzzles and note them below.

1.	6.
2.	7.
3.	8.
4.	9.
5.	10.

Now, using these words and within a maximum of six sentences, your challenge is to compose a text about a person, animal or place that you love!

Tip: You can use the last blank page of this book as a draft!

Your Writing:

Explore a Unique Store
Set Up **FOR YOU!**

MEGA DEALS

BestActivityBooks.com/TheStore

Designed for Entertainment!

Light Up Your Brain With Unique **Gift Ideas**.

Access **Surprising** And **Essential Supplies!**

CHECK OUT OUR MONTHLY SELECTION NOW!

- Expertly Crafted Products -

NOTEBOOK:

SEE YOU SOON!

Linguas Classics Team